Walter Kraus

30 Mythen übers Laufen

Ein Auszug aus dem Runtasia Infokanal

Walter Kraus

30 Mythen übers Laufen

Es kommt nämlich darauf an!

Bibliographische Information der Deutschen Nationalbibliothek: Die Deutsche Nationalbibliothek verzeichnet diese Publikation in der Deutschen Nationalbibliographie; detaillierte bibliographische Daten sind im Internet über http://dnb.dnb.de abrufbar

Herstellung und Verlag:
BoD   Books on Demand, Norderstedt

ISBN: 978-3-7460-1373-2

Mythbusters auf der Suche nach Laufmythen.................... 7

Mythos 1: Laufen ist schlecht für die Knie.................... 10

Mythos 2: Zum Laufen muss man geboren sein.............. 13

Mythos 3: Dehnen gehört zum Aufwärmen.................... 16

Mythos 4: Wer schwitzt ist schlecht trainiert.................. 18

Mythos 5: Mit Laufen nimmt man leicht ab 20

Mythos 6: Laufschuhe halten 1000km............................ 23

Mythos 7: In der Woche vor dem Wettkampf sollst du
ruhen 25

Mythos 8: Fersenlauf ist schlecht.................................. 27

Mythos 9: Läufer brauchen Nahrungsergänzungen 30

Mythos 10: Läufer brauchen eine Pulsuhr 33

Mythos 11: Barfußlaufen verringert das
Verletzungsrisiko 36

Mythos 12: Trainingspläne bringen mich ans Ziel 39

Mythos 13: Erst ab 20 Minuten beginnt die
Fettverbrennung 42

Mythos 14: Frauen müssen anders trainieren als Männer. 45

Mythos 15: Der Fettverbrennungspuls ist bei 120
Schlägen... 48

Mythos 16: Laufen auf Asphalt ist schlecht.................... 51

Mythos 17: Beim Laufen musst du durch die Nase atmen 54

Mythos 18: Magnesium hilft gegen Krämpfe 57

Mythos 19: Mit einer Videoanalyse findest du den richtigen
Laufschuh... 60

Mythos 20: Läufer sollen einen Laktattest machen 63

Mythos 21: Läufer brauchen Sportgetränke.................... 66

Mythos 22: Dehnen hilft gegen Muskelkater.................... 69

Mythos 23: Vor dem Wettkampf heißt es „Carboloading" 72

Mythos 24: Laufschuhe müssen gut gedämpft sein 74

Mythos 25: Läufer laufen Marathon 77

Mythos 26: Hobbyläufer brauchen nicht schnell laufen ... 81

Mythos 27: Viel Trinken ist fürs Laufen wichtig.............. 84

Mythos 28: Läufer brauchen kein Krafttraining 87

Mythos 29: No pain, no gain! 90

Mythos 30: Laufschuhe immer am Nachmittag kaufen 93

Mythbusters auf der Suche nach Laufmythen

Es gibt viele Theorien und Meinungen, die manche Läufer verinnerlicht haben, die nicht unbedingt zielführend sind, aber auch nicht aus den Köpfen zu bringen sind. Mythen, an denen vielleicht ein Funke an Wahrheit ist, aber missverstanden, falsch interpretiert oder in der Praxis falsch verstanden werden!

In meiner Arbeit als Lauftrainer muss ich mich immer wieder mit kuriosen Meinungen zum Laufen auseinandersetzen. Dieses Buch soll aber keine Aufzählung meiner schrägsten Bekanntschaften auflisten, sondern eine Erklärung alltäglicher Problemstellungen, mit denen ein Läufer konfrontiert wird, näher beschreiben. Denn die Welt da draußen ist nicht immer schwarz oder weiß, sondern alles verschwimmt ineinander. Und was in der einen Situation kohlschwarz ist, kann in einer anderen vielleicht Grautöne haben. Und genau auf diese Nuancen möchte ich mich konzentrieren.

Es kommt drauf an!

Es gibt mit Sicherheit noch viele weitere Mythen und Irrglauben. Diese Auflistung ist keineswegs vollständig. Ich konzentrierte mich dabei auf die gängigsten Themen, die das Laufen unmittelbar betreffen. Jedes Unterkapitel behandelt ein laufspezifisches Thema, in dem ich hoffentlich alle Zweifel und Irrglauben beseitigen, oder aber auch bestätigen kann. Denn es ist nicht immer leicht, ein klares „**ja, das stimmt**" oder „**nein, das ist ein Blödsinn**" zu behaupten, es ist meist ein „**nun, es kommt darauf an**"! Und genau dieses „es kommt darauf an" möchte ich mit einzelnen Beispielen im Detail erklären und jedes Thema mit meiner Persönlichen Meinung für die Anwendung in der Praxis abschließen.

Jedes Kapitel ist deshalb nach einem Muster aufgebaut:

- der wahre Kern
- wieso diese Wahrheit nicht unbedingt stimmt
- worauf es im Detail ankommt
- meine Meinung für die Anwendung

Ein Paradebeispiel für Missverständnisse ist der Muskelkater. Seit mehreren Jahrzehnten ist gesichert, dass es sich dabei um Mikrotraumen in der Muskulatur handelt. Also um kleine Einrisse in den Muskelfasern, was zu einer Entzündung führt und etwa einen Tag nach der Belastung als unangenehmer Schmerz zu spüren ist.

Ich mache mir in meinen Seminaren immer den Spaß und frage die Teilnehmer, wodurch der Muskelkater wohl verursacht werde. Und prompt sind immer einige Läufer dabei, die meinen, dass die Milchsäure dafür verantwortlich sei. Das ist das Wissen der 80er Jahre des letzten Jahrhunderts. Und bis heute ist diese Meinung bei manchen noch immer in den Köpfen. Dabei handelt es sich nicht um ältere Personen, die sich seit damals damit nicht mehr beschäftigt haben, sondern genauso um junge LäuferInnen, die es noch immer so erklärt bekamen – im Schulunterricht oder aus anderen aktuellen Medien! Manchmal werden Informationen, Wissen und Meinungen über Generationen falsch übermittelt bzw. werden die Hintergründe nicht verstanden, weil sie eben zu komplex sind. Da bleibt man doch beim einfachen Wissen – so falsch kann es doch nicht gewesen sein.

Runtasia Mythbusters sind unterwegs!

Also! An welche Mythen und welchen Irrglauben glaubst du? An keine? Bist du dir sicher, dass du in jeder Situation in deinem (Lauf)Training das Beste herausholst? Verfolgst du spezielle Trainings- oder Ernährungsrituale, die du einfach so machst, weil „man das so macht"? Kennst du selbst Mythen, an die du bisher geglaubt hast, aber eines Besseren belehrt wurdest? Wer weiß, welche Irrglauben in Zukunft noch aufgedeckt werden. Denn auch das heutige Wissen muss nicht unbedingt der Weisheit letzter Schluss sein.

Ein kleiner Einblick auf ein paar geplante Themen:

- Barfußlaufen verringert das Verletzungsrisiko
- viel Trinken ist fürs Laufen wichtig
- Dämpfung ist das Wichtigste beim Laufschuh
- Laufen auf Asphalt ist schlecht
- Training mit hohem Puls ist schlecht
- in der Woche vor dem Wettkampf sollst du ruhen
- Laufschuhe immer am Nachmittag kaufen
- Laufen ist generell schlecht für die Knie
- mit Laufen nimmt man leicht ab
- Frauen müssen anders trainieren als Männer

Freue dich also schon auf die nächsten 30 Berichte, in denen ich mit jedem bekannten Laufmythos abrechne. In jedem Bericht erfährst du das „es kommt darauf an", das dir hoffentlich auch in deinem zukünftigen Training weiterhilft. Damit du in jeder Situation die richtige Entscheidung treffen kannst und mehr aus deiner eingesetzten Zeit und Energie rausholst.

Mythos 1: Laufen ist schlecht für die Knie

Das erste Killerargument von Nichtläufern ist meist die negative Auswirkung der hohen Kniebelastung beim Laufen. Da heißt es oft sarkastisch: *„In Zukunft werden wir lauter 100jährige haben, die durchs ständige Laufen nicht mehr gehen können, aber auch nicht sterben wollen, weil ihr Herz noch so stark ist"*. Ruinieren wir uns mit unserer Lieblingsbeschäftigung tatsächlich die Knie?

Die meisten von uns Läufern hatten schon einmal ein Knieproblem, das direkt durchs Laufen verursacht wurde. Es zwickt da, es sticht dort und nach einer mehr oder weniger langen Pause ist das Problem wieder weg. Und wir beginnen wieder zu laufen, bis es das nächste Mal wo zwickt! In den meisten Fällen handelt es sich dabei um funktionelle Überlastungen an Sehnen oder Muskeln. Denn ein Knorpelproblem spürt man meist erst, wenn der Knorpel nicht mehr vorhanden ist!

Ja! Laufen ist eine große Belastung für den Bewegungsapparat

Unsere Knorpel werden nämlich nicht gut durchblutet. Die Nährstoffversorgung des Knorpels geschieht über die Gelenksflüssigkeit, die über einen Pumpmechanismus in den Knorpel transportiert werden. Ähnlich wie ein Schwamm saugt der Knorpel die Flüssigkeit auf, wenn er zuvor gequetscht wird. Und beim Laufen passiert genau das: beim Aufprall wird der Knorpel zusammengedrückt und wenn wir uns abstoßen, dehnt sich der Knorpel und wird mit Gelenksflüssigkeit versorgt.

Werden die Knorpel nun übermäßig stark belastet, dann kann sich der Knorpel nicht mehr auf natürlichem Wege regenerieren und wird dünner. Dasselbe passiert aber auch, wenn der Knorpel zu wenig belastet wird. Denn dann fehlt langfristig diese Pumpwirkung und der Knorpel wird wiederum nicht versorgt.

Unsere Gelenke werden also überfordert, wenn die Belastung zu groß wird und/oder wenn wir uns zu wenig Zeit zur Regeneration geben. Ist sie jedoch „nur" fordernd und der Körper bekommt etwas Zeit sich davon zu erholen, dann werden die Gelenke langfristig sogar belastbarer! Sehr belastbar sogar!

Nein! Der Körper kann sich an die Laufbelastung anpassen

In Wirklichkeit haben Läufer zwar immer wieder Knie- bzw. Gelenksprobleme, die jedoch meistens durch eine kurz- bis mittelfristige Überforderung verursacht werden. Solche Überlastungen werden vom Körper meist ohne bleibende Schäden verdaut, auch wenn sie in der akuten Phase sehr schmerzhaft sein können.

Viel schlimmer hingegen sind chronische Fehl- aber auch Mangelbelastungen! Wer ein Leben lang unnötiges Übergewicht tragen oder ständig schwere Lasten heben muss, dessen Gelenke werden deutlich mehr belastet als beim moderaten Laufen. Und paradoxerweise haben die absoluten Sportmuffel ein noch höheres Risiko an einer Arthrose zu leiden, da die Knorpel einer zu geringen Belastung ausgesetzt sind.

Studien haben nämlich gezeigt, dass Marathonläufer nicht unbedingt ein höheres Risiko für Gelenkabnützungen haben als andere Sportler. Im Gegenteil, wer die Gelenke nicht entsprechend belastet leidet häufiger an Arthrosen!

Es kommt drauf an!

Wer hingegen einen systematischen Trainingsaufbau verfolgt, mit den richtigen Laufschuhen läuft und sich vor allem einen ökonomischen, gelenkschonenden Laufstil aneignet, der belastet seine Gelenke beim Laufen minimal und kann ohne schlechtes Gewissen seine Runden ziehen. Ein Leben lang!

Und ganz nebenbei sind Läufer meist auch tendenziell schlanker. Die Belastung auf die Gelenke ist zwar beim Laufen etwas höher, aber der Hauptteil der Zeit, in der wir stehen, gehen, und unser Körpergewicht tragen müssen, ist deutlich länger! Die Gesamtbelastung auf die Gelenke ist bei Läufern deutlich geringer!

Meine Meinung

Zu viel ist zu viel! Jedem Läufer muss bewusst sein, dass **übermäßiges Laufen** langfristig Probleme verursachen kann. Wie schon erwähnt, spürt man den schleichenden Knorpelabbau leider erst sehr spät, wenn es meist schon zu spät ist. Deshalb sollten wir mit unserer Gesundheit auch laufend gut umgehen. Wenn du angenommen ständig durchs Laufen verletzt bist, dann wirst du höchstwahrscheinlich zu viel machen und der Körper kann sich nicht an dieses Trainingspensum anpassen. Das erste Anzeichen, dass der Körper (auf Dauer) überfordert ist.

Wenn du auf deinen Körper gut hörst – er gibt dir bis zur Arthrose sehr viele Signale – wirst du ein Leben lang laufen können, ohne Gelenksprobleme zu bekommen. Im Gegenteil, du wirst altern und dabei fit und beweglich bleiben! Das wäre übrigens auch das Gegenargument für das oben erwähnte Killerargument der Ungläubigen!

Mythos 2: Zum Laufen muss man geboren sein

Die richtigen Gene braucht man zum Laufen! Wenn du die falschen Eltern hast, die dir nicht die nötigen Läufergene mitgegeben haben, dann wirst du niemals richtig ins Laufen kommen. So oder so ähnlich hört man es zumindest immer wieder! Stimmt das auch?

Jeder kennt jemanden, der jemanden kennt, der einen Marathon beim ersten Versuch gleich unter drei Stunden gelaufen ist! Und das vielleicht auch noch ohne großartigem Training! Ist das ein Aufschneider oder handelt es sich dabei um wahre Geschichten? Solche Fälle gibt es tatsächlich und man kommt ins Grübeln, ob man nicht doch mit den falschen Genen geboren ist! Manche trainieren relativ wenig und bringen gute Laufleistungen, andere plagen sich ab, verfolgen Trainingspläne, ernähren sich konsequent nach diversen Ernährungsplänen und kommen nie an die Leistung der anderen heran. Weil ihnen das „Talent" fehlt?

Ja! Mit den richtigen Genen läuft es besser

Die genetischen Voraussetzungen können die Laufleistung sehr stark beeinflussen. Manche sprechen sogar von einem Einfluss von bis zu 50%! Wenn jemand von Natur aus mehr Sauerstoff transportieren kann und die nötige „ausdauernde Muskulatur" hat, der wird von Haus aus auch schneller laufen können. Diese Körper haben ein Talent fürs Laufen, wie andere eben eher ein Talent für Muskelaufbau oder Schnelligkeit haben. Genauso reagieren manche Läufer schneller auf Trainingsreize wie andere. Solche „fast responder" sind jene Läufer, die mit wenig Trainingsaufwand sehr viel erreichen können.

Gerade in der Talentsuche werden bereits Gentests angewandt, um so früh wie möglich ein Talent für alle möglichen Sportarten herauszufinden. Auch wenn es wissenschaftlich noch nicht wirklich konkrete Nachweise dafür gibt!

Nein! Laufen ist jedem von uns in die Wiege gelegt worden

Der Mensch, und damit meine ich jeden Einzelnen von uns, ist zum Laufen geboren! Wir haben die besten anatomischen Voraussetzungen zum Laufen.

Es gibt nur sehr wenige Lebewesen, die ähnlich gut geeignet fürs Dauerlaufen sind, wie wir Menschen! Auch wenn es große individuelle Unterschiede gibt, evolutionär sind wir alle Läufer! Somit kommen alle laufend ans Ziel - die einen früher, die anderen noch früher!

Es kommt drauf an!

Reden wir uns nicht ständig auf unsere Gene raus! Die Genetik hat sicher einen großen Einfluss auf die Laufleistung. Das ist aber kein Grund, nicht zu laufen, wenn man von der Natur nicht so gut bestückt wurde. Wir alle bringen bestimmte Voraussetzungen mit, mit denen wir leben müssen: Größe, Geschlecht, Hautfarbe,...aber auch die Trainierbarkeit ist in einem bestimmten Maße genetisch vorgegeben. Der Rest des Trainings, die Bereitschaft zu trainieren oder die Möglichkeiten, bestmöglich trainieren zu können, entscheidet, wie viel jemand aus seinen gegebenen Voraussetzungen machen kann.

Zum Beispiel sind kenianische LäuferInnen zwar international beinahe in allen Distanzen dominierend, es gibt aber keine Nachweise, dass sie genetisch einen Vorteil gegenüber uns Europäern hätten. Bei uns gibt es genauso viele Talente, wie in den Hochebenen in Kenia. Das soziale Umfeld, der Mangel an Perspektiven, die Armut, die Vorbilder, der Wille und die Motivation, das schwere Training durchzuziehen...zu komplex sind die Gründe dafür, dass gerade die besten Läufer aus einem kleinen Teil der Erde kommen.

Meine Meinung

Sofern du nicht an die Spitze kommen möchtest, ist es eigentlich völlig egal, welche Gene du fürs Laufen mitbringst – laufen kann jeder und laufen soll auch jeder, der Freude beim Laufen hat!

Frustrierend kann es jedoch werden, wenn man sich persönliche Ziele steckt, die vielleicht (wenn überhaupt) nur sehr schwer zu erreichen sind – weil man von der Natur nicht so gut ausgestattet wurde. Wenn du dich ständig mit den Besten vergleichst, wirst du nie der Beste sein. Wenn du dich hingegen ständig mit dir selbst vergleichst, dann kannst du dich langsam aber stetig von einer persönlichen Bestzeit zu nächsten hinauf arbeiten. Das Arbeiten an einem ordentlichen Training, sowie die Konsequenz und der nötige Lebensstil bleiben dir dabei aber nicht erspart!

Mythos 3: Dehnen gehört zum Aufwärmen

Ein bekanntes Bild in manchen Laufgruppen: erst wird gemütlich eingelaufen, und bevor das richtige Training beginnt, stellen sich die Läufer im Kreis auf und bereiten ihre Muskeln auf die Belastung vor – mit Dehnungsübungen! Macht man das so?

Dehnen ist ein sehr kontroversiell diskutiertes Thema, das bestimmten Trends unterworfen ist. Jeder soll seine eigene Meinung zum Dehnen bilden, denn auch die Wissenschaft ist sich darüber (noch) nicht im Klaren, ob es nun gut ist und wenn ja, wie man richtig dehnt. Eines ist jedenfalls klar und da sind sich alle Experten einig: vor der Belastung müssen wir unsere Muskeln darauf vorbereiten, damit wir uns nicht verletzen!

Ja! Muskulatur gezielt aufwärmen ist Pflicht

Merke dir: nur ein warmer Muskel ist leistungsfähig! Und je intensiver die bevorstehende Belastung ist, desto mehr sollte die Muskulatur aufgewärmt und aktiviert sein. Nicht nur, damit die Leistung abrufbar ist, sondern das Verletzungsrisiko steigt nämlich auch, je größer die Muskelanspannung ist.

Denn die meisten Muskelzerrungen oder Muskelfaserrisse passieren nicht beim langsamen Laufen, sondern beim schnellen, wie du mir wahrscheinlich bestätigen wirst.

Nein! Dehnen vor der Belastung ist nicht laufspezifisch

Sportartspezifisches Aufwärmen heißt nämlich, dass ich den Körper so gut es geht auf die bevorstehende Belastung vorbereite. Wenn ich zum Beispiel vor einem Intervalltraining oder einem Wettkampf durch Dehnen den Muskeltonus des Beinbeugers senke (wir wollen dadurch ja den Muskel ENTspannen), dann fehlt ihm die nötige Spannung, wenn es richtig losgeht. Und das Verletzungsrisiko steigt.

Es kommt drauf an!

Nennen wir es nicht „Dehnen", nennen wir es „Aktivieren"! Natürlich brauchen wir auch eine gewisse Beweglichkeit, wenn wir schnell laufen wollen. Sitzen wir den ganzen Tag im Büro, dann wird unser Hüftbeuger dementsprechend inaktiv, entspannt und verkürzt sein. Zwar ist ein Dehnen vor der Belastung noch immer nicht wirklich zielführend, aber ein dynamisches Aktivieren, zum Beispiel durch kontrolliertes Beinschwingen, oder natürlich auch durch die Laufschule, ist auf alle Fälle laufspezifischer und zielführender.

Meine Meinung

Dehnen vor dem Laufen ist für mich ein absolutes No go! Das gilt genauso während des Laufens! Bei uns in der Laufgruppe wird zu Beginn ein paar Minuten eingelaufen und dann gibt es zur Aktivierung die Laufschule. Wie lange das Aufwärmen nun sein soll, dass muss jeder für sich selbst herausfinden. Ob das nun 5 Minuten sind oder eine halbe Stunde – wenn du dich nach dem Aufwärmen nicht schon ausgewertet, sondern fit und motiviert fühlst, dann machst du es richtig.

Mythos 4: Wer schwitzt ist schlecht trainiert

Zwei Läufer nebeneinander, der eine schwitzt aus allen Poren, der andere kaum. Und das, obwohl es gar nicht einmal so heiß ist. Der stark schwitzende Läufer wird sich wohl mehr anstrengen, möchte man meinen? Muss das so sein?

Wir Menschen müssen uns glücklich schätzen, dass wir schwitzen können. Nur so können wir die bei der Bewegung produzierte Wärme effizient abtransportieren. Könnten wir das nicht, würden wir sehr schnell überhitzen bzw. müssten wir immer wieder Pausen einlegen, um ums abzukühlen. So wie zum Beispiel Hunde oder andere Tiere es machen müssen, die keine Schweißdrüsen haben.

Ja! Je anstrengender es wird, desto mehr schwitzt man

Du wirst es sicher auch bestätigen können, dass dir beim schnellen Laufen schneller warm wird, als beim langsamen Laufen. Das ist deshalb, weil wir nur ein relativ schlechter Energieverwerter sind. Nur etwa 20% der eingesetzten Energie geht beim Laufen direkt in die Bewegung, der Rest wird als Wärme frei, die wir nicht speichern können, sondern die abgegeben werden muss. Und je schneller ich laufe, desto mehr Wärme wird produziert.

Nein! Schwitzen per se ist kein Leistungsparameter

Nur weil man stark schwitzt, heißt das noch lange nicht, dass man sich auch sehr anstrengt. Das Schwitzen ist nämlich sehr individuell, was sowohl an der Anzahl der Schweißdrüsen als auch an deren Eigenschaften liegt. So gibt es Menschen, die auch in Ruhe relativ bald ins Schwitzen kommen, sobald es etwas wärmer ist. Andere hingegen empfinden es gerade richtig angenehm und sind staubtrocken. Deshalb kann man das Schwitzen auch nicht miteinander vergleichen. Denn wenn ich mich persönlich (ich bin ein großer „Schwitzer") mit einem Läufer vergleiche, der wenig schwitzt, dann werde ich im Vergleich immer schwach aussehen ;-)

Es kommt drauf an!

Eigentlich ist es sogar ein schlechtes Zeichen, wenn jemand wenig schwitzt, oder wenn jemand sogar behauptet, gar nicht schwitzen zu müssen! Denn wenn jemand nicht schwitzen kann, der kann auch die überschüssige Wärme schlechter abgeben. Gerade diese Personen empfinden den Sommer bzw. die Läufe in der Hitze als besonders anstrengend.

Der Körper kann das Schwitzen aber auch lernen. Gehst du zum Beispiel öfters in die Sauna, dann lernen deine Schweißdrüsen mit der Zeit, Flüssigkeit abzugeben. Dasselbe passiert auch, wenn du in der Hitze läufst. Deshalb schwitzen Sportler tendenziell mehr als Nichtsportler, weil sie das Schwitzen ständig trainieren. Und wenn wir den heutigen Mythos noch einmal genauer betrachten, dann kann man sogar das Gegenteil behaupten: **wer mehr schwitzt, ist besser trainiert!**

Meine Meinung

Egal, wie stark du schwitzt, es ist auf alle Fälle gut! Je mehr du schwitzt, desto besser funktioniert deine Thermoregulation, auch wenn es im Alltag manchmal unangenehm ist. Als Vielschwitzer musst du lediglich beachten, dass du auch deutlich mehr Flüssigkeit verlierst! Gerade wenn du länger unterwegs bist, läufst du eher Gefahr, dass du dehydrierst. Achte deshalb darauf, dass du immer ausreichend Flüssigkeit zu dir nimmst.

Mythos 5: Mit Laufen nimmt man leicht ab

Du willst abnehmen und suchst den besten Weg, deine überschüssigen Kilos loszuwerden? Die beste und wirkungsvolle Methode ist das Laufen: du verbrennst enorm viele Kalorien, und das in nur kurzer Zeit. Viel mehr als mit jeder anderen Sportart. Beginne mit dem Laufen, und du wirst garantiert schlank. Funktioniert das wirklich so einfach?

Ganz vorweg: wenn das Abnehmen so leicht wäre, dann würden nur noch schlanke Menschen herumlaufen. Sport ist nur ein Teil bei jedem Abnehmprojekt und bewirkt auch nur teilweise eine Gewichtsreduktion. Die Ernährung, der Lebensstil, aber auch die persönlichen Lebensumstände sind genauso wichtig beim Abnehmen.

Ja! Jede Bewegung hilft beim Abnehmen

Unser Körper braucht in Ruhe eine gewisse Energiemenge, damit alle Körperfunktionen aufrechterhalten werden. Dieser Grundumsatz ist abhängig vom Alter, Geschlecht, Muskelanteil, Trainingszustand und einigen anderen Faktoren. Jede zusätzlich zum Grundumsatz verbrauchte Energie bringt etwas beim Abnehmen. Wenn wir unseren Körper als Energiespeicher ansehen, dann wird er versuchen, Reserven anzuhäufen, wenn entweder zu viel Energie zur Verfügung steht (wir essen zu viel), oder wenn der Energieverbrauch zu gering ist (wir bewegen uns zu wenig). Wir nehmen zu. Wenn wir es schaffen, dieses Phänomen umzukehren, dann nehmen wir ab.

Nein! Beim Laufen verbrennst du weniger, als du glaubst

Traurig ist jedoch der tatsächliche Energieverbrauch beim Laufen. Nicht nur der Energieverbrauch selbst ist gering, sondern auch der absolute Trainingsumfang ist bzw. muss bei übergewichtigen Läufern deutlich niedriger sein.

Wenn du zum Beispiel 4x pro Woche 6km läufst, wirst du mit angenommen 80kg Körpergewicht im Schnitt lediglich 270 kcal mehr Energie pro Tag verbrauchen. Das entspricht ungefähr gut einem Snickers oder einem Erdbeer Combino. Wenn du das durchziehst, dann wirst du einen Monat lang trainieren müssen, um nur einen Kilogramm zu verlieren. Vorausgesetzt, dein Körper schafft den Trainingsumfang ohne Überforderung und du isst durch den höheren Energiebedarf nicht mehr!

Es kommt drauf an!

Es stimmt zwar, dass Läufer tendenziell schlanker sind als Nichtsportler. Das Laufen ist aber nicht unbedingt eine Sportart, die besonders von schlanken Menschen ausgeübt wird. Auch ist es kein kurzfristiger Effekt des Laufens, sondern eine langfristige „Nebenerscheinung" des kontinuierlichen Laufens…über Jahre! Wenn man sich vornimmt, Gewicht zu verlieren und die einzige Maßnahme ist das Laufen, dann muss man sehr geduldig sein. Es funktioniert zwar, aber nicht in kurzer Zeit.

Meine Meinung

Unsere Gesellschaft ist „überernährt und unterbewegt". Wir bekommen in unserem Alltag so viele Gründe präsentiert, uns nicht zu bewegen, dass wir uns ständig bewusst dafür entscheiden müssen. Umgekehrt müssen wir uns ständig bewusst gegen das Essen entscheiden, da wir insgesamt ein Überangebot an Lebensmittel zur Verfügung haben. Zum Glück muss man aber auch dazu sagen.

Unsere körperliche Aktivität ist in den letzten Jahrzehnten auf ein Minimum gesunken, was bereits gesundheitliche Auswirkungen zeigt. Machen wir etwas dagegen und gehen laufen!

Das Laufen ist meiner Meinung nach die beste und einfachste Möglichkeit, mehr Energie zu verbrauchen, langfristig schlank zu bleiben oder zu werden und vor allem gesund zu bleiben. Aber auch das Krafttraining spielt eine bedeutende Rolle beim Abnehmen, was nicht unterschätzt werden darf. Viele Laufanfänger, die wegen des Abnehmens damit begonnen haben, hätten mit Krafttraining vielleicht sogar deutlich mehr Erfolg als nur mit dem Laufen alleine. In den meisten Fällen ist für diese Personen das Laufen selbst schon ein Krafttraining, weil die nötige Muskulatur für diese Bewegung fehlt.

Doch um nachhaltig abzunehmen, solltest du genauso deine Ernährung und vor allem deinen Lebensstil optimieren. Durchs Laufen verbrennst du kurzfristig zwar viel Energie, du hast danach aber auch mehr Hunger! Wenn du genauso weiterlebst wie davor, wirst du unbewusst mehr essen und wieder nicht abnehmen.

Mythos 6: Laufschuhe halten 1000km

Auch Laufschuhe haben ein Ablaufdatum – wortwörtlich! Wann sind sie nun so stark abgelaufen, dass sie zum Entsorgen sind, das hängt von den gelaufenen Kilometern ab. Und da hört man immer wieder die magische Distanz: 1000km! Halten sie wirklich so lange oder kann man damit noch weiter laufen?

Mit den richtigen Laufschuhen läuft man nicht nur entspannter, sondern auch gesünder. Nur geringe Fehlbelastungen auf den Bewegungsapparat durch falsche Laufschuhe können mittelfristig zu Überlastungserscheinungen führen. Deshalb solltest du auch immer deinen richtigen Laufschuh verwenden. Verändert sich dieser Schuh mit der Zeit, kann dein richtiger Schuh auch zum falschen werden.

Ja! Laufschuhe sollten rechtzeitig ausgetauscht werden

Das Material der Laufschuhe wird „müde" und mit der Zeit verformt sich der Schuh, abhängig von der Belastung. Das Obermaterial, das die ersten Risse und Löcher bekommt, ist dabei nur eine harmlose Erscheinung! Die Dämpfung wird geringer, die Unterstützung und die Führung verschlechtern sich und damit verändert sich auch die Laufeigenschaft des Schuhs, was zu einer Fehlbelastung und zu einem höheren Verletzungsrisiko führen kann.

Nein! 1000km ist eine zu ungenaue Empfehlung

Befragt man das Internet, dann sind Empfehlungen von 500 bis 2000km zu finden. 1000km hören sich dann ganz vernünftig an, heißt aber keineswegs, dass sie so lange halten müssen bzw. dass man damit nicht noch deutlich länger laufen könnte.

Ein Beispiel: Zwei Personen tragen den gleichen Schuh, die eine ist 100kg schwer, die andere 60kg. Was denkst du, welche Laufschuhe werden wohl einer höheren Belastung ausgesetzt und werden vermutlich früher kaputt sein?

Es kommt drauf an!

Nicht nur das Körpergewicht ist entscheidend, wie lange die Laufschuhe halten, sondern auch die Pflege, die Art der Laufschuhe und deren Verwendungsart. Sehr stabile Laufschuhe werden deutlich länger halten, als leichte, minimalistische Wettkampfschuhe. Wäscht du die Laufschuhe ständig in der Waschmaschine oder zu heiß, dann werden die Materialien und vor allem die Kleber porös werden und der Schuh wird relativ bald auseinander fallen.

Und ein ganz wichtiger Faktor ist der Laufstil! Setzt du den Fuß stark mit der Ferse auf und bremst dich dabei, dann wird die Dämpfung deutlich früher ihre Wirkung verlieren. Gerade mit einem solchen Laufstil ist die Dämpfung besonders wichtig, da sonst der Aufprall eines jeden einzelnen Laufschritts ungedämpft auf die Gelenke wirkt. Und gerade mit diesem Laufstil wird die Dämpfung stark gefordert und die Lebenserwartung wird dementsprechend geringer sein.

Meine Meinung

Orientiere dich bei der Haltbarkeit deiner Laufschuhe nicht an der Anzahl der gelaufenen Kilometer, sondern mach immer wieder einen optischen Check. Sobald der Laufschuh „etwas schief" wird, ist er wahrscheinlich schon zum Austauschen bereit. Oder wenn du aus heiterem Himmel eine Überlastung am Fuß oder am Schienbein verspürst, könnten auch abgelaufene Laufschuhe ein Grund dafür sein.

Kauf dir im Zweifelsfall neue Laufschuhe und nimm die alten mit. Ein guter Verkäufer wird dir sagen können, wie lange du damit noch laufen kannst.

Mythos 7: In der Woche vor dem Wettkampf sollst du ruhen

Das Training in den letzten Monaten vor einem wichtigen Event war anstrengend und nun darfst du endlich deinen lang ersehnten Wettkampf laufen. Und wie man weiß, solltest du am wichtigsten Tag im Läuferjahr topfit sein. Deshalb heißt es in den letzten Tagen: Beine hoch lagern, saunieren, massieren und sich nur nicht unnötig belasten. Sind wir so am besten vorbereitet?

Viele Läufer betreiben in den letzten Tagen vor wichtigen Wettkämpfen eine regelrechte Zeremonie mit ihrer Vorbereitung: sie achten besonders auf die Muskelhygiene, vollziehen eine spezielle Ernährungsweise und praktizieren ein bewährtes Tapering. Alles ist auf die Regeneration gerichtet!

Ja! Am Wettkampftag darfst du keine schweren Beine haben

Klar ist, dass du in einem ermüdeten Zustand nie deine volle Leistung bringen kannst. Stell dir nur vor, du hast eine Nacht durchgemacht und dann musst du einen Wettkampf laufen. Wird sich da eine Bestzeit ausgehen? Oder eher, wenn du ausgeschlafen und fit an den Start gehst. Eh! Beim großen Wettkampf solltest du alles dafür tun, damit du bestmöglich vorbereitet an den Start gehst.

Nein! Das Laufgefühl brauchst du bis zum Start

Du hast bisher regelmäßig und mehrmals die Woche trainiert, dann kommt der wichtigste Tag und du unterbrichst diesen Rhythmus auf einmal? Wir sind Gewohnheitstiere und das weiß unser Körper. Es kann sogar passieren, dass dir in der letzten Woche das Laufgefühl dermaßen verloren geht, dass sich die ersten Laufschritte sehr schwerfällig anfühlen. Wir brauchen dazu eine gewisse Muskelspannung, damit wir kampfbereit sind. Fehlt dieser Tonus, fällt das Laufen schwerer.

Es kommt drauf an!

Es ist gut und wichtig, dass man das Training in den letzten beiden Trainingswochen etwas reduziert, aber dennoch immer etwas im Laufen bleibt. Vor allem in der letzten Woche sollte kein allzu großer Umfang, und schon gar kein intensives Training gemacht werden.

Jeder Läufer braucht aber eine andere Vorbereitung – physisch als auch psychisch. Um das Laufgefühl zu behalten, sind ein paar kurze Läufe ausreichend. Das Läufergewissen ist manchmal aber nur beruhigt, wenn am Tag vor dem großen Wettkampf noch einmal gelaufen wird. Ob nun der letzte Lauf einen, zwei oder sogar drei Tage vor dem Wettkampf am Plan stehen soll, das sollte jeder selbst herausfinden.

Meine Meinung

Für eine perfekte Wettkampfvorbereitung gibt es kein einheitliches Rezept! Reduzieren ja, aber um wie viel, das ist sehr individuell und muss von jedem einzelnen Läufer selbst heraufgefunden und ausgetestet werden. Wie eine optimale Wettkampfvorbereitung aussieht, das kannst du bereits in den Monaten davor bei diversen Trainingswettkämpfen ausprobieren. Da hast du die Möglichkeit, dich kennenzulernen, die Ernährung zu testen und natürlich auch Fehler zu machen, damit am wichtigsten Tag nichts schief geht.

Mythos 8: Fersenlauf ist schlecht

Hobbysportler haben oft das Problem, dass sie zu sehr auf der Ferse landen und sich dadurch bei jedem Schritt bremsen. So sagt man! Die Stoßbelastung bremst aber nicht nur, sondern belastet zusätzlich die Gelenke. Deshalb sollte man versuchen, am Vorfuß zu landen, so wie es uns die Spitzensportler vormachen. Machen die das tatsächlich so?

Sieht man Spitzensportler beim Laufen zu, dann hat man das Gefühl, dass sie regelrecht fliegen, dass sie locker-flockig und leichtfüßig laufen, dass sie sich dabei anscheinend gar nicht anstrengen und dennoch mit einer enormen Geschwindigkeit laufen, die wir selbst nur wenige Meter mithalten könnten. Doch eines ist **kein einziger Spitzensportler**: Vorfußläufer! Schau dir doch mal die Laufstile der schnellsten Läufer beim Weltrekordversuch „Breaking2" an!

Ja! Der Fersenlauf bremst bei jedem Schritt

Es gibt jedoch zwei unterschiedliche Arten, wie man mit der Ferse aufkommen kann:

1. gegen die Laufrichtung: **bremsend**

2. mit der Laufrichtung: **ziehend**

Ersteres ist typisch für uns Hobbyläufer und verursacht bei jedem Schritt eine Stoßbelastung. Wenn man so läuft, braucht man dementsprechend gut gedämpfte Schuhe, die diesen Stoß etwas abmildern, damit er sich nicht in die Gelenke fortpflanzt.

Der Stoß bleibt aber und die Energie, die nun von der Dämpfung absorbiert wird, geht verloren! Wir haben dadurch zwar weniger Belastung auf die Gelenke, aber der Energieverlust bleibt bestehen. Das bedeutet vor allem bei längeren Läufen, dass uns die vergeudete Energie im letzten Drittel fehlt.

Nein! Das Tempo macht es aus

Laufen die oben erwähnten Spitzensportler jedoch mit einem langsamen, sehr langsamen Tempo, dann werden sie auch deutlich mehr auf der Ferse landen und sich dabei bremsen. Denn ausschlaggebend für den Fußaufsatz ist das Tempo. Je langsamer ich laufe, desto stärker setzte ich die Ferse ein. Im langsamsten Extremfall ist es das Gehen, bei dem wohl niemand auf die Idee kommen würde, am Vorfuß zu sein? Das schnellste Extrem ist das Sprinten, bei dem man intuitiv am Vorfuß landet.

Beim Dauerlauf (auf der Straße) befinden wir uns ständig in einem Bereich dazwischen. Wir müssen also unseren Laufstil **an das Tempo anpassen können**! Wir müssen aber auch den Laufstil des jeweiligen Tempos kennen. Denn wenn ein Läufer ein Leben lang langsam gelaufen ist, der ist meistens nicht mehr in der Lage „schön" zu laufen. Auch das muss gelernt werden.

Es kommt drauf an!

Der Fersenlauf ist prinzipiell nicht schlecht, wie es uns die Besten vormachen. Vorfußläufer sind lediglich Sprinter und Läufer, die auf der Laufbahn laufen. Wenn man sich zum Beispiel den 10km-Lauf der letzten Leichtathletik-WM ansieht, wird man lauter Vorfußläufer finden. Sobald der dortige Sieger Mo Farah den Marathon auf der Straße läuft, wird auch er zu einem (schönen) Fersenläufer. Lassen wir uns überraschen!

So ist es übrigens auch dem Ausnahmeläufer Haile Gebreselassie ergangen, der vor seinem ersten Straßenrennen auch vom Vorfußläufer zum Fersenläufer wurde.

Meine Meinung

Versuche nicht, zu einem Vorfußläufer zu werden. Arbeite lieber an einem besseren Laufstil, damit du dich weniger bremst und deine gesamte eingesetzte Energie in die Vorwärtsbewegung umgewandelt wird. Hin zu einem ziehenden Laufschritt. Damit wirst du langfristig nicht nur schneller werden, sondern auch weniger oft verletzungsbedingte Pausen einlegen müssen.

Dazu musst du aber auch schnell laufen (können). Gerade Marathonläufer sind da sehr gefährdet, da viele beinahe ausschließlich relativ langsam und lange laufen. Damit wird ein bremsender Fersenlauf sehr stark geprägt, der dann nur noch langsam zu ändern ist. Es zahlt sich aus, an der Lauftechnik zu arbeiten und ab und zu schnell zu laufen!

Mythos 9: Läufer brauchen Nahrungsergänzungen

Das Laufen ist doch eine so große Belastung für den Körper und Stoffwechsel, dass sowohl während als auch nach der Belastung deutlich mehr Nährstoffe gebraucht werden! Wenn du läufst, wirst du deshalb nicht um Nahrungsergänzungen herum kommen, denn über die normale Ernährung ist dieser Mehrbedarf nicht zu decken! Brauchen wir das wirklich?

Das Geschäft mit den Nahrungsergänzungsmitteln ist ein großes, ein riesengroßes! Etwa 1/3 der ÖsterreicherInnen nehmen regelmäßig Nahrungsergänzungen ein, bei den Sportlern sind es deutlich mehr! Man erwartet sich dadurch eine Verbesserung der Gesundheit und vor allem eine bessere Leistungssteigerung im Training.

Ja! Aktive Sportler haben einen höheren Nährstoffbedarf

Wer sich mehr bewegt, der verbraucht nicht nur mehr Energie, sondern auch mehr Mikronährstoffe wie Magnesium, Kalzium, Vitamine, aber auch der Eiweißbedarf ist bei Läufern deutlich höher. Werden diese Nährstoffe nicht ausreichend mit der Ernährung zugeführt, kann man entweder die Leistung nicht voll abrufen bzw. dauert die Regeneration nach einem Training länger.

Die richtige Ernährung für den Läufer ist genauso wichtig wie der richtige Treibstoff für den Motor. Greift man zur falschen Zapfsäule, läuft er nicht oder nicht so gut.

Nein! Aktive Sportler essen auch mehr

Wenn sich jemand mehr bewegt, der isst logischerweise auch mehr. Wir können das sogar nur sehr schwer bewusst steuern.

Der angeborene Hunger-Sättigungs-Mechanismus bewirkt, dass man immer genau so viel Energie zu sich nimmt, wie man gerade benötigt. Automatisch wird man deshalb auch mehr von allen anderen Nährstoffen zu sich nehmen. Voraussetzung dafür ist natürlich eine ausgewogene Ernährung und dass man diesen Mechanismus über eine jahrelange falsche Ernährung nicht verlernt hat.

In den wenigsten Fällen ist es deshalb tatsächlich nötig, diesen Mehrbedarf an Nährstoffen mit Nahrungsergänzungen auszugleichen.

Es kommt drauf an!

Pauschal zu behaupten, dass Nahrungsergänzungen für Läufer ein Muss sind, wäre sehr unseriös. Außer man handelt selbst mit diversen Produkten, dann hat man wenigstens einen Eigennutzen. Die einzige Konsequenz wäre dann, dass die überschüssigen Vitamine und Mineralien einfach wieder ausgeschieden werden. Denn die meisten Nährstoffe kann man nur sehr schwer überdosieren.

Es gibt Risikogruppen (das gilt sowohl für Sportler als auch für Nichtsportler), die über die normale Ernährung ihren Bedarf nur schwer decken können. Weil sie entweder mehr brauchen, oder weil ihre Nahrung zu wenig dieser Nährstoffe liefert. Es gibt Krankheiten, die die Aufnahme diverser Nährstoffe beeinträchtigen und Ernährungsweisen, bei denen manche Nährstoffe zu kurz kommen. Im Einzelfall kann es deshalb durchaus Sinn machen, Nahrungsergänzungen (als Ergänzung wohl gemerkt) zusätzlich zu nehmen. Denn Nahrungsergänzungen sind kein Nahrungsersatz.

Meine Meinung

Sieh zu, dass du dich einigermaßen ausgewogen ernährst, dann bist du höchstwahrscheinlich mit allen Nährstoffen ausreichend versorgt. In kritischen Phasen, in denen du vielleicht sehr viel trainierst (z. B. auf einem Trainingslager), und/oder du dich gleichzeitig nicht besonders gut ernähren kannst, dann könntest du prophylaktisch ein Multivitamin- und Mineralstoffpräparat einnehmen. Somit bist du auf der sicheren Seite. Eine Dauereinnahme würde ich erst nach einer Abklärung mit deinem Arzt empfehlen. Vor allem bei einem latenten Eisenmangel kann eine Supplementierung hilfreich sein.

Und wenn du dir mit der Einnahme von Nahrungsergänzungsmitteln eine zusätzliche Leistungssteigerung erhoffst, dann muss ich dich auch enttäuschen. Man kann mit ausreichend natürlichen Nährstoffen nur die optimale Leistung abrufen und die Regeneration unterstützen. Umgekehrt heißt das auch, dass man mit einer Unterversorgung diese Leistung nicht voll abrufen kann bzw. die Regeneration länger dauert! Sollte es nämlich ein Mittel geben mit dem man eine direkte Leistungssteigerung erfährt, dann wäre es bereits auf der Dopingliste! Doch wer weiß, vielleicht beschleunigt das Trinken von „Tiefsee-Mineralwasser" tatsächlich die Regeneration. Wenn man nur fest daran glaubt…

Mythos 10: Läufer brauchen eine Pulsuhr

Es gibt kaum einen Läufer, der nicht einen Hightech-Trainingscomputer am Handgelenk trägt. Ohne Trainingsaufzeichnungen und ständiger Überprüfung der Herzfrequenz ist nämlich kein ordentliches Lauftraining umzusetzen. Aufgezeichnet und analysiert muss das Training werden. Trainieren Läufer ohne Pulsuhr weniger effizient?

Die Herzfrequenz ist der Tourenzähler des Menschen: je näher man in den roten Bereich kommt, desto anstrengender wird es! Das kann man im Training nützen, indem man die jeweiligen Trainingszonen nach Pulsbereichen einteilt und danach trainiert. Damit kann man gezielter die Trainingsreize setzen, sie können aber auch beim Laufen einfacher eingehalten werden.

Ja! Die Herzfrequenz ist (auch) ein guter Parameter zur Trainingssteuerung

Es gibt unterschiedliche Trainingsbereiche, die im Training systematisch eingesetzt werden. So kann zum Beispiel im allgemeinen Training der Fettstoffwechsel gezielt trainiert und mit der Pulsuhr einfach eingehalten werden. Es gibt aber auch noch andere Parameter, wie zum Beispiel die Geschwindigkeit oder die Leistung, die man im Training einsetzen und über die Pulsuhr verfolgen und steuern kann.

Nein! Es macht nur Sinn, wenn man weiß, was man tut!

Eine Pulsuhr hat aber nur dann einen Sinn, wenn die jeweilige Person genau weiß, was es für sie bedeutet, mit einem bestimmten Puls zu laufen. Denn 150 Schläge können für den einen Läufer zu hoch, für die andere Läuferin zu niedrig sein und für den dritten passt es genau, um eine erwünschte Wirkung zu erzielen. Deshalb muss man die individuellen Trainingsbereiche mittels einer Leistungsdiagnostik ermitteln und darauf ein Trainingssystem aufbauen. Und dieses Trainingssystem gilt dann aber auch nur für diese eine Person!

Ständig mit einer Pulsuhr zu laufen, nur damit man den Verlauf der Herzfrequenz verfolgen kann, hat eher eine beruhigende Wirkung, sagt aber überhaupt nichts über die Trainingswirksamkeit aus.

Es kommt drauf an!

Wenn man weiß was man tut, dann kann die Pulsuhr eine sehr gute Hilfe im Training sein. Sowohl während des Trainings zur Kontrolle der Trainingsbereiche, als auch im Nachhinein bei der Analyse des Trainings über Auswertungsprogramme. Die Herzfrequenz ist dabei ein sehr einfach zu messender Parameter, der jedoch auch seine Schwachpunkte hat.

Man muss sich nämlich bewusst sein, dass die Herzfrequenz äußerlichen (Temperatur, Tageszeit), aber auch innerlichen (Ermüdung, Tagesverfassung) Einflüssen ausgesetzt ist und tagesabhängig schwanken kann. Wenn die Pulsuhr nicht als einziges Steuerungselement verwendet wird und nicht verlernt wird, auf den eigenen Körper zu hören, dann kann eine Pulsuhr das Training nur bereichern.

Meine Meinung

Für mich als Trainer ergibt sich durch die Verwendung einer Pulsuhr eine einzigartige Möglichkeit, das Training meiner Sportler zu verfolgen. Ich kann sozusagen im Nachhinein beim Training mit dabei sein, indem ich mir online die Herzfrequenzkurve ansehe. So erhalte ich mehr Informationen, um weitere Entscheidungen fürs Training zu treffen. Die Betreuungsqualität steigt, wenn ich in detaillierte Trainingsaufzeichnungen einsehen kann.

Doch sehe ich leider auch immer wieder eine sehr große „Uhr-Abhängigkeit" mancher Sportler. Viele verlassen sich ausschließlich auf die Anzeige ihrer Uhr und verlernen, auf den eigenen Körper zu hören. Gerade wenn man auf einen Wettkampf trainiert, ist es besonders wichtig, sich selbst einschätzen zu können. Wenn du lernst deine Pulsuhr dafür zu nützen, ohne davon abhängig zu werden, dann wirst du sicher mehr aus deinem Training herausholen können.

Mythos 11: Barfußlaufen verringert das Verletzungsrisiko

Schlag eine Laufzeitschrift auf und du wirst mit Sicherheit mindestens einen Bericht über Barfußlaufen und die Begriffe „gesund", „natürlich", „schonend" im direkten Zusammenhang dazu finden. Barfußlaufen revolutioniert momentan regelrecht das herkömmliche Laufen, wobei das Herkömmliche, wie wir es kennen, gibt es erst seit wenigen Jahren. Und die Jahrtausende davor liefen wir mehr oder weniger immer barfuß. Und die Verletzungen waren tatsächlich weniger?

Kennst du Abebe Bikila? Er gewann 1964 bei den Olympischen Spielen in Tokio den Marathonlauf – barfuß! Kennst du Dietmar Mücke, der laufende Pumuckl, der bereits unzählige (Ultra)Marathonläufe gelaufen ist – barfuß!? Nur zwei Beispiele, die zeigen, was ohne Laufschuhe möglich ist. Es gibt immer mehr Läufer, die auf Laufschuhe verzichten und behaupten, dass es das einzig Richtige für Läufer ist. Doch wie wir wissen, gibt es nie für alle das eine Generalrezept!

Ja! Beim Barfußlaufen ist man gezwungen „schön" zu laufen

Niemand ist mit (Lauf)Schuhen auf die Welt gekommen – wir sind für das Barfußlaufen geboren! Logisch, oder? Sobald du keine Laufschuhe mehr trägst und du damit auch keine Dämpfung, keine Stütze und keine Führung hast, muss deine Fußmuskulatur alles selbst kompensieren. Der Laufstil wird sich mit dem ersten Laufschritt verändern, sofern du davor ein Fersenläufer warst. Denn ohne Schuhe ist der Aufprall zu groß und es tut sehr weh. Womit man die erste Selbsterfahrung gemacht hat, dass der „bremsende Fersenlauf" nicht gerade gut ist.

Außerdem wird beim Barfußlaufen auch die Fußmuskulatur gestärkt, die in den Laufschuhen eher abgebaut als gefordert wird. Langfristig werden die Füße dadurch stabiler, beweglicher und belastbarer! Ständig in Schuhen zu laufen bewirkt genau das Gegenteil: die Füße werden instabiler, die Muskulatur verkümmert und das Verletzungsrisiko steigt, obwohl, oder gerade weil man Laufschuhe trägt.

Nein! Die meisten haben nicht mehr die Voraussetzungen dafür

Das Problem dabei ist aber, dass unsere Fußmuskulatur bereits dermaßen verkümmert ist, dass wir durchs Barfußlaufen sogar ein noch höheres Verletzungsrisiko haben. Wenn wir jahrzehntelang in Schuhen herumgehen bzw. laufen, dann haben sich unsere Füße auch an diesen Lebensstil gewöhnt. Steigst du zu radikal ins Barfußlaufen ein, wirst du eher früher als später Probleme bekommen, weil der Körper es einfach nicht (mehr) kann.

Es kommt drauf an!

Wenn du dir ausreichend Zeit gibst, um dich auf die Belastung des Barfußlaufens zu gewöhnen, ist es durchaus möglich, hohe Umfänge (auch einen Marathon) barfuß zu trainieren, ohne dich dabei zu verletzen. Der Körper kommt beinahe mit allen Situationen zurecht, solange man ihm die nötige Anpassungszeit gibt. Klar soll deshalb auch sein, dass man einen Marathon nicht in wenigen Monaten barfuß bewältigen kann.

Dazu braucht es viel, sehr viel Zeit, die man sich nehmen muss, um einigermaßen gut laufen zu können. Sonst wird man erst wieder mit Verletzungen konfrontiert. Ich konnte schon einige angehende Barfußläufer mitverfolgen, die sich in kürzester Zeit nicht nur langwierige Sehnenansatzentzündungen oder Muskelverspannungen zuzogen, sondern auch Ermüdungsbrüche in den Mittelfußknochen erlitten.

Meine Meinung

Ich liebe das Barfußlaufen trotz aller Risiken, denn es ist einer der besten und einfachsten Wege, das richtige Laufen zu erlernen. Barfußlaufen hat für mich aber nicht das Ziel, Wettkämpfe oder große Distanzen durchlaufen zu können, sondern es dient als Methode im Techniktraining.

Barfußlaufen wird dir Spaß machen! Es wird dir das Gefühl geben, dass du schnell läufst, dass du dynamisch läufst und dabei dennoch stabil bist! Und irgendwann möchtest du vielleicht immer so laufen. Zügle dich aber und übertreibe nicht! Streue immer wieder ein paar Minuten Barfußlaufen in dein Training ein und dein Körper wird sich an diesen Bewegungsablauf gewöhnen und langfristig auch lieben lernen, sodass du auch in deinen Laufschuhen, die sich damit auch verändern werden, einen ökonomischen Laufstil laufen wirst.

Eine Tatsache ist jedenfalls sicher: einen barfuß laufenden Olympiasieger werden wir wohl nicht mehr erleben!

Mythos 12: Trainingspläne bringen mich ans Ziel

Das nächste Laufziel ist definiert und die Motivation ist groß! Jetzt fehlt nur noch ein Weg zu diesem Ziel: ein Trainingsplan muss her! Denn nur mit einem ordentlichen und vor allem fordernden Trainingsplan werden Ziele erreicht. Können Trainingspläne das überhaupt?

Das Internet ist voll damit: Marathon unter 4 Stunden, 10 Kilometer unter 45 Minuten, 5 Kilometer durchlaufen…für jedes läuferische Ziel gibt es einen passenden Trainingsplan, nach dem du trainieren kannst, um dein Ziel auch zu erreichen. Wie passend diese Trainingspläne jedoch gerade für dich persönlich sind, das ist fraglich!

Ja! Auch ein Lauftraining sollte geplant werden

Wenn du zu einem bestimmten Punkt kommen möchtest, gibt es Wege, die führen direkt zum Ziel und es gibt Wege, die machen viele Umwege und sind mit deutlich mehr Aufwand verbunden. Je direkter du gehst, desto schneller wirst du am Ziel sein. Das klingt schon mal logisch und das kann man auch aufs Training umlegen: Eine systematische Herangehensweise erspart dir „leere Kilometer" und bringt dich schneller ans Ziel!

Nein! Ein und derselbe Trainingsplan kann gut oder schlecht sein

Sobald du läufst, trainierst du! Du kannst aber „leere Kilometer" machen und damit unnötig Zeit und Energie vergeuden! Es gibt nämlich ein paar Trainingsprinzipien, die man berücksichtigen sollte. Diese beziehen sich auf Naturgesetze, die man einhalten muss. Wenn nicht, kommt man weniger schnell voran oder im schlimmsten Fall gar nicht bzw. verletzt sich bei diesem Vorhaben!

Das Interessante beim Training ist, dass jeder Mensch anders reagiert, andere Voraussetzungen mitbringt, andere Gene und Fähigkeiten besitzt. Deshalb kann es im Extremfall sogar sein, dass ein und derselbe Trainingsplan den einen Läufer unterfordern, und den anderen, mit demselben Trainingsziel überfordern kann.

Es kommt drauf an!

Das Internet kann dir helfen! Hast du dich schon mal nach dem Google-Navi orientiert. Wie oft hat er dir schon Wege vorgeschlagen, auf denen du deutlich länger gebraucht hast als über andere? Gerade wenn du dich in deiner Gegend auskennst, wirst du vielleicht direktere Wege zum Ziel finden, als es dir vom Navi vorgeschlagen wird. In einer fremden Stadt bist du auch froh, nicht den kürzesten Weg zu finden, Hauptsache du findest relativ schnell das Ziel. So ist es auch mit den Trainingsplänen: Wenn man dich nicht kennt, kann ein allgemeiner Trainingsplan sehr hilfreich sein, muss für dich aber nicht der beste sein!

Deshalb ist es nicht sehr erfolgversprechend, wenn man einen x-beliebigen Trainingsplan verfolgt, ohne zu wissen, was einem eigentlich direkt zum Ziel führen könnte.

Dazu braucht man unbedingt ein paar Informationen über deinen Körper (Leistungsparameter, bisherige Leistungsentwicklung, Stärken-Schwächen, Trainingstyp, Wettkampftyp,...) und eine ausführliche Anamnese (bisheriges Training, Verletzungsbiografie, Alter,...). Je mehr Informationen über dich bekannt sind, desto genauer und vor allem persönlicher kann der Trainingsplan gestaltet werden.

Meine Meinung

Wie ich arbeite: ohne eine ausführliche Anamnese (zum „Kennenlernen" der Person) und einer Leistungsdiagnostik

(Stärken-Schwächen Analyse) kann auch ich keine gute Trainingsempfehlung geben. Und wenn der Trainingsplan einmal erstellt ist, wird er ständig adaptiert, denn niemand entwickelt sich „normal". Es gibt immer einen Plan B, einen Plan C…

Egal, ob man nun einen individuell abgestimmten Trainingsplan hat oder nach einem vorgefertigten aus dem Internet trainiert, sobald man einen hat, trainiert man anders, konsequenter, ernsthafter. Die Prioritäten verlagern sich, auf einmal wird das Training zu etwas Besonderem. Und das alleine kann schon zum Erfolg führen bzw. ein besseres Ergebnis bringen als ohne einen Trainingsplan. Die Gefahr besteht nur, dass man zu übermütig wird und sich zu viel zumutet. Der ursprünglich beste Trainingsplan kann zum schlechtesten Plan werden, wenn er nicht erfüllt werden kann!

Mythos 13: Erst ab 20 Minuten beginnt die Fettverbrennung

Wenn du deinen Fettstoffwechsel trainieren möchtest, reicht es nicht aus, ein paar Minuten lang zu laufen, denn die Fettverbrennung ist sehr langsam und springt erst nach etwa einer halben Stunde an. Erst ab diesem Zeitpunkt verbrennst du die ersten Fette! Und was passiert davor?

Um Missverständnisse vorzubeugen: Fettverbrennung bedeutet lediglich, dass der Körper zur Energiegewinnung auf Fette zurückgreift. Das ist einer von mehreren Energiestoffwechsel, die unter bestimmten Voraussetzungen aktiv sind. Auch wenn in diesem Zustand Fette verbrannt werden, heißt es noch lange nicht, dass dadurch überschüssiges Körperfett abgebaut wird. Der Begriff „Fettverbrennung" hat eigentlich nur im Training und im Sport eine Bedeutung.

Ja! Fette sind ein träges Energiesubstrat

Die Fettverbrennung ist evolutionär der wichtigste Stoffwechsel: Fette sind sehr energiereich und man kann sie nahezu unbegrenzt speichern. In Zeiten, in denen ständige Nahrungszufuhr nicht gegeben war, hat dieser Stoffwechsel unser Überleben ermöglicht. Spare in der Zeit, dann hast du in der Not.

Der Nachteil gegenüber Kohlenhydraten ist aber, dass sie langsamer verstoffwechselt werden und dafür unbedingt Sauerstoff benötigt wird. In der laufenden Praxis bedeutet das, dass wir dementsprechend langsam laufen müssen, um Fette verbrennen zu können.

Nein! Fette stehen immer zur Verfügung

Die Aktivität der Fettverbrennung hängt vorwiegend von zwei Faktoren ab:

1. Intensität: wie viel Energie muss pro Zeiteinheit produziert werden

2. Sauerstofftransport: wie viel Sauerstoff kann nachgeliefert werden

Ist die Intensität niedrig und der Körper ist in der Lage so viel Sauerstoff zu liefern, dass Fette verbrannt werden können, dann werden Fette auch verbrannt. Egal, wie lange man aktiv ist. Der Körper versucht nämlich, seine wertvollen Kohlenhydrate für Notzeiten (Flucht oder Kampf) aufzusparen.

Es kommt drauf an!

Richtig ist, dass der Fettstoffwechsel bei einer **Maximalbelastung** unter 20 Minuten eine nur sehr untergeordnete Rolle spielt. Zu groß ist die Intensität und zu kurz ist die Belastung, dass die Fettverbrennung überhaupt anspringt. Die Kohlenhydrate können für diesen Zeitraum deutlich mehr Energie produzieren, die nebenbei auch noch deutlich schneller zur Verfügung ist.

Ist die Belastung jedoch **nicht maximal**, und wir laufen sehr entspannt dahin, dann wird von der ersten Minute an auf die Fette zurückgegriffen, da der Körper von Beginn an in der Lage ist, ausreichend Sauerstoff für die Fettverbrennung nachzuliefern. Je niedriger die Belastung, desto eher hat der Körper auch die Möglichkeit, Fette zu verbrennen. So gesehen ist die Fettverbrennung in Ruhe am höchsten – relativ!

Meine Meinung

Der Fettstoffwechsel ist immer und in jeder Situation aktiv. Wenn ich mit einer Intensität trainiere, die den Fettstoffwechsel ermöglicht, dann werde ich auch Fette von der ersten Minute an verbrennen! Wo diese Intensität bei dir persönlich ist, das kannst du leicht mit einer Leistungsdiagnostik herausfinden.

ABER! Ein Fettstoffwechseltraining, das nur 20 Minuten dauert, ist nicht sehr effizient! Um nämlich eine Anpassung im Körper zu provozieren, braucht es eine längere Dauerbelastung in diesem Trainingsbereich. Der Körper ist mit einer halben Stunde Training nicht gerade stark gefordert, um die Anpassungen wie zum Beispiel die Erhöhung der aeroben Enzyme, die Vermehrung der Mitochondrien oder auch strukturelle Veränderungen an der Durchblutung der Muskelzellen, in Gang zu setzen. Denn um das Beste aus dem Fettstoffwechseltraining herauszuholen, muss auch der Fettstoffwechsel gefordert werden.

Man kann also sagen, dass dieser Mythos (Fettverbrennung springt erst nach 20 Minuten an) so nicht stimmt, aber unter anderen Bedingungen (Fettverbrennung macht erst nach deutlich mehr als 20 Minuten Sinn) richtig ist!

Mythos 14: Frauen müssen anders trainieren als Männer

Ist doch klar, Frauen sind anders gebaut und müssen deshalb auch anders trainieren. Sie haben weniger Muskeln, sind tendenziell kleiner und generell schwächer als Männer. Ein gutes Lauftraining muss deshalb auch geschlechtsspezifisch geplant sein. Oder ist der Unterschied doch nicht so groß?

Wenn man die Weltrekorde in allen Laufdisziplinen vergleicht, fällt einem natürlich sofort auf, dass Frauen langsamer sind als Männer. Mit ihrem Körperbau und den genetischen sowie hormonellen Unterschieden sind sie im Vergleich zu Männern weniger leistungsfähig, auch wenn sie für manch einen von uns unvorstellbar gut sind!

Ja! Frauen haben im Detail unterschiedliche Voraussetzungen

Frauen haben einen niedrigeren Testosteronspiegel und dadurch eine geringere Muskelmasse und mehr Körperfett. Sie haben im Verhältnis zur Körpergröße und Gewicht ein kleineres Herz, das weniger Blut pro Herzschlag auswerfen kann. Das Blut selbst hat auch eine geringere Hämoglobinkonzentration, wodurch weniger Sauerstoff transportiert werden kann. All diese Faktoren tragen dazu bei, dass sie weniger Leistung erbringen können als Männer.

Nein! „Frauen sind Menschen wie wir"

Das Zitat eines österreichischen Kurzzeitpolitikers ist in diesem Fall sehr treffend. Die Geschlechter sind, was die Trainierbarkeit anbelangt, gar nicht einmal so unterschiedlich. Im Grunde sind die oben genannten Unterschiede lediglich für die Entfaltung der **maximalen** Leistungsfähigkeit limitierend, und nicht fürs Lauftraining als solches relevant: Die Muskeln sind dieselben, auch wenn Frauen weniger davon haben. Das

Herz-Kreislauf-System reagiert unter Belastung genauso auf Sauerstoffmangel, auch wenn ihr Herz geringfügig kleiner ist. Dafür sind Frauen aber auch generell kleiner und leichter. Sie haben dadurch eine geringere Belastung auf den Bewegungsapparat.

Es kommt drauf an!

Sobald Frau trainiert, wird sie besser. Genauso gut, wie es die Männer tun. Nur reagiert nicht jeder Körper gleich! Auch Männer sind unterschiedlich trainierbar. Es gibt sehr viele individuelle Unterschiede innerhalb des eigenen Geschlechts. Zu behaupten, dass Frauen anders trainieren müssen, ist da zu weit hergeholt.

Wenn man aus dem Lauftraining das Beste herausholen möchte, dann braucht man nicht auf das Geschlecht achten (das hat den geringsten Einfluss), sondern auf den Lauftypen! Es gibt unterschiedliche Voraussetzungen, sowohl physisch als auch mental, die ins Training einfließen sollen.

Auch die Beweggründe, wieso man eigentlich läuft, können sehr unterschiedlich sein. Die Motivation, jahrelang beim Laufen zu bleiben, kann bei Männern der Wettkampf, bei Frauen vielleicht eher die Gesundheit sein. Natürlich sieht das Training dementsprechend anders aus, wenn jemand aus Freude an der Bewegung läuft, oder wenn jemand das Maximum aus seinem Körper herausholen möchte. Haben Mann und Frau jedoch dieselbe Zielsetzung und dieselbe Antriebskraft, dann werden sie auch gleich trainieren müssen.

Meine Meinung

Frauen werden Männer nie einholen können, zumindest was die Spitzenleistungen anbelangt. Deshalb tun sich Männer vielleicht auch so schwer, wenn sie von Frauen überholt werden (das entspricht nicht der der Natur und dem Verständnis des Mannes)! Obwohl, Männer tun sich generell schwer, wenn sie überholt werden, egal von wem. Ohne diese typischen Männer-Frauen Klischees würde das Laufen nämlich viel weniger Spaß machen! Oder läuft in deiner Laufgruppe nicht auch ein derartiger Schmäh?

Was die Trainierbarkeit aber anbelangt, da sollte man sich keine geschlechtsspezifischen Gedanken machen. Individuell und für den oder die einzelne/n Sportler/in soll das Training angepasst sein. Und wenn es das richtige Trainingskonzept ist, dann wird sich der Erfolg eher früher als später einstellen.

Mythos 15: Der Fettverbrennungspuls ist bei 120 Schlägen

Einer der letzten Mythen wirft sogleich eine neue Frage auf: wie hoch ist nun der optimale Fettverbrennungspuls! Und es gibt natürlich eine eindeutige Antwort, die uns manche Fachzeitschriften, aber auch Mediziner empfehlen! Denn genau bei einem bestimmten Puls ist die Fettverbrennung aktiv. Und ist er nun bei 120 Schlägen?

Die Herzfrequenz ist der Tourenzähler des Menschen. Je höher der Puls ist, desto anstrengender wird es – wir laufen in den „roten Bereich". Und im grünen Bereich werden Fette verbrannt! Das kann man auch für die Trainingssteuerung verwenden, auch wenn es viele Für und Wider gibt.

Ja! Es gibt einen Bereich, in dem wir effizient Fette verbrennen

Dieser Trainingsbereich bezieht sich aber nicht auf den relativen Fettanteil der verbrauchten Energie, sondern auf den absoluten. Denn wenn ich mit dem höchsten relativen Fettanteil trainiere (also beim Schlafen!), dann ist der Fettstoffwechsel zwar voll aktiv, aber insgesamt wird nur wenig Energie verbraucht.

Ein Rechenbeispiel: Wenn ich angenommen in Ruhe 70kcal verbrauche und davon 90% Fette sind, dann verbrenne ich pro Stunde etwa 63kcal Fett. Wenn ich laufe und angenommen 700kcal pro Stunde verbrauche, der Fettanteil aber in diesem Fall nur mehr 30% beträgt, dann werden immer noch 210kcal an Fetten pro Stunde verbrannt.

Und genau an diesem Punkt, an dem die Fettverbrennung absolut am höchsten ist, sollte man das Fettstoffwechseltraining absolvieren. In der Literatur finden wir dazu eine allgemeine Empfehlung, die besagt, dass dieser Bereich bei ungefähr 60 bis 70% der maximalen Herzfrequenz liegt.

Wir wissen aber auch, dass wir mit diesem Training nicht abnehmen, sondern lediglich dem Körper beibringen, Fette zu verbrennen! Ein großer Unterschied, der oft missverstanden wird.

Nein! Jeder hat einen unterschiedlich hohen Puls

Wie die oben erwähnte allgemeine Formel zeigt, ist dieser Bereich abhängig von der maximalen Herzfrequenz, die individuell sehr unterschiedlich ist. Jedem Sportler nun zu empfehlen, 120 Schläge seien optimal, wäre für den einen (mit einem hohen Maximalpuls) eine viel zu niedrige Empfehlung, für den anderen (mit einem niedrigen Maximalpuls) schon viel zu hoch.

Und der größte Mythos in diesem Fall: wenn dir jemand einreden möchte, dass du mit einer bestimmten Herzfrequenz trainieren sollst, dem würde ich meine Trainingsplanung generell nicht mehr anvertrauen. Einerseits kann niemand auf einen Herzschlag genau und konstant trainieren und andererseits ist die Energiebereitstellung fließend und überlappend. Deshalb gibt es auch keinen Fettverbrennungspuls, sondern nur einen Pulsbereich, in dem du höchstwahrscheinlich sehr effizient Fette verbrennst.

Es kommt drauf an!

Zu all den Unsicherheiten, die eine Formel zur Berechnung eines jeden Trainingsbereichs mit sich bringt, kommt noch dazu, dass die Herzfrequenz zusätzlichen Schwankungen unterliegt. Sei es durch äußerliche Einflüsse, wie zum Beispiel das Wetter, aber auch die persönliche Tagesverfassung spielt eine große Rolle.

Dieser ominöse Fettverbrennungsbereich verändert sich auch mit dem Trainingszustand. Wenn die Fett verbrennenden Enzyme einmal aktiviert sind, wird man regelrecht zu einer Verbrennungsmaschine! Das dauert aber Jahre, viele Jahre!

Meine Meinung

Wo genau dein optimaler Fettverbrennungsbereich liegt, das ist pauschal nicht zu beantworten. Es macht jedenfalls Sinn, es zu wissen, damit man wiederum effizient trainieren kann. Auch dazu dient eine Leistungsdiagnostik.

Die Entwicklung des Fettstoffwechsels ist sicher ein Thema in einem systematischen Trainingsaufbau. Vor allem, wenn das Ziel ein Marathonlauf ist! Eine Voraussetzung dafür ist aber, dass die jeweilige Person diesen Bereich auch trainieren kann. Angenommen du solltest tatsächlich mit einem Puls von etwa 120 Schlägen laufen. Wie schnell wärst du da? Wie würde sich das Laufen anfühlen? Oder ist es vielleicht doch ein Gehen?

Deshalb ist meine Meinung dazu: der Fettstoffwechsel ist nur relevant, wenn man in diesem Bereich auch laufen kann. Wenn nicht, dann muss dieser Bereich in einer anderen Sportart trainiert werden, was aber weniger effizient fürs Laufen ist, oder eben (noch) nicht trainieren werden, weil es keinen Sinn macht. Erst wenn man ein bestimmtes Niveau erreicht hat, zahlt es sich aus, auch im Fettstoffwechselbereich zu trainieren.

Mythos 16: Laufen auf Asphalt ist schlecht

Um deine Gelenke zu schonen, solltest du so gut es geht den Asphalt meiden. Zu harter Untergrund kann auf Dauer nicht gut sein, das sagt doch der Hausverstand. Und ein Marathontraining am Asphalt ist sowieso das Schlimmste! Ist der Waldboden dafür wirklich besser geeignet?

Wir haben schon bei einem vorherigen Thema gehört, dass Laufen per se nicht schlecht für die Gelenke ist. Die Gesamtbelastung macht es aus – laufe ich zu viel, zu oft, zu schnell, dann erhöht sich das Risiko. Auch der Untergrund hat da einen gewissen Anteil an der Belastung.

Ja! Der Aufprall am Asphalt ist groß

Laufen ist im Prinzip „Springen von einem Bein zum anderen". Und bei jedem Sprung muss man sich einerseits stark abstoßen, andererseits muss man aber auch das eigene Körpergewicht abfangen. Dieser Aufprall muss vom Körper aktiv gedämpft werden, damit er nicht zu stark in die Gelenke weitergetragen wird.

Wenn der Untergrund weich ist, gibt dieser etwas nach und dämpft so bereits einen kleinen Anteil dieses Aufpralls ab. Auf Asphalt fehlt diese zusätzliche äußere Dämpfung und der Körper ist mehr gefordert, vielleicht auch früher überfordert!

Nein! Der Körper kann sich darauf anpassen

So groß ist das Risiko aber auch nicht, wenn man zumindest ein paar Grundregeln im Training beachtet. Wenn man dem Körper genügend Zeit gibt, dann passt er sich auch ans Laufen auf Asphalt an. Dazu gibt es ein paar einfache Regeln, auf die ein systematisches Lauftraining aufgebaut werden soll.

Ganz nebenbei, bei Missachtung dieser Grundregeln überfordert man sich auch beim Laufen am Waldboden früher oder später!

Grundregeln des Lauftrainings:

- erlerne einen ökonomischen Laufstil
- steigere nie mehr als 10% pro Woche
- baue Entlastungswochen in dein Training ein

Es kommt drauf an!

Nicht der Untergrund ist das große Problem, sondern der Laufstil. Wenn du einen „bremsenden Laufstil" hast, ist der Aufprall generell deutlich größer, auf Asphalt natürlich umso größer! Da würden zwar gut gedämpfte Laufschuhe helfen, was aber nur eine kurzfristige Lösung wäre, denn der Laufstil bleibt dadurch derselbe, ein bremsender!

Dennoch, jeder Läufer wird es aus eigener Erfahrung bestätigen können: bei einem Lauf im Wald werden die Gelenke weniger belastet als bei einem gleich langen Lauf auf Asphalt. Die größere Belastung ist aber nicht auf den Asphalt selbst zurückzuführen, sondern auf die **Monotonie**. Im Wald hat man ständig ein Auf und ein Ab, die Füße müssen sich ständig an die Unebenheiten des Bodens anpassen, die Schrittlängen variieren und man hat generell eine höhere Grundanspannung und Konzentration beim Laufen. Auf Asphalt läuft man wie auf Schienen, immer mit demselben Schritt, immer dieselbe Schrittlänge und damit auch immer dieselbe Belastung auf den Bewegungsapparat.

Meine Meinung

Nicht nur dass sich der Körper auf das Laufen auf Asphalt anpassen kann, er muss es sogar. Vor allem wenn man einen Marathon laufen möchte, der höchstwahrscheinlich auf Asphalt stattfinden wird! Wenn du bis zum Marathon ganz auf

Asphalttraining verzichtet hast, können bei einem einzigen Lauf sogar noch größere Probleme auftreten! Umso wichtiger ist da natürlich, dass dein Laufstil diese Umstände nicht noch zusätzlich verstärkt! Arbeite an deinem Laufstil, jetzt!

Auf die Abwechslung kommt es natürlich auch an. Der Körper braucht in seinem gesamtheitlichen Training unterschiedliche Reize, dann wird er sich beim intensiven Lauftraining nicht so leicht überfordern. Jene Läufer, die ausschließlich einer Pace nachlaufen und im Training ständig Wettkampfbedingungen simulieren, die werden sich mit Sicherheit überlasten. Ganz abgesehen davon werden sie wahrscheinlich auch weniger Spaß beim Laufen haben!

Versuche mal abseits der breit getretenen Strecken zu laufen. Scheue dich nicht vor Anstiegen, auch die bringen Abwechslung ins Training und können dich weiterbringen. Bleibe aber zur richtigen Zeit und in einem angemessenen Umfang auf der Straße. Denn wenn es zum Beispiel ums Tempo geht, dann bist du hier besser aufgehoben!

Außerdem würde ich niemanden empfehlen, in den Wald laufen zu gehen, nur damit er seine Gelenke schont, sondern damit er die Natur genießen kann!

Mythos 17: Beim Laufen musst du durch die Nase atmen

Immer wieder bekommt man den Tipp, beim Laufen doch durch die Nase zu atmen. Und das nicht nur im Winter! Die Nasenatmung ist die natürlichere und vor allem gesündere Atmung. Und was passiert, wenn man beim Laufen durch den Mund atmet?

Eigentlich sollte man sich beim Laufen keine Gedanken über die Atmung machen. Einatmen, ausatmen, einatmen, ausatmen,…so leicht bekommst du Luft und genügend Sauerstoff in die Lungen. Die Atmung selbst ist meist nicht der limitierende Faktor beim Laufen, sondern die Fähigkeit, aus der eingeatmeten Luft, ausreichend Sauerstoff aufzunehmen und zu verwerten. Und das ist bekanntlich Trainingssache.

Ja! Die Nasenatmung ist gesünder

Mit der Nasenatmung trainiert man die Atemmuskulatur, da das Zwerchfell gegen einen höheren Widerstand arbeiten muss. Die eingeatmete Luft wird außerdem vorgewärmt, gereinigt und befeuchtet und hält so Keime vom Inneren des Körpers fern. Weiters hat die Nasenatmung einen entspannenden Effekt, da sie das parasympathische Nervensystem aktiviert.

Nein! Das Tempo gibt die Atmung vor

Beim Laufen wird die Nasenatmung ab einem bestimmten Tempo nicht mehr möglich und ineffizient. Es kommt einfach zu wenig Luft durch die schmalen Kanäle der Nase, sodass die Mundatmung einfach sinnvoller wird. Versucht man dennoch weiterhin durch die Nase zu atmen, wird einem ab einem bestimmten Tempo die Luft ausgehen bzw. man kann die Leistung nicht voll entfalten, weil man sich mit der fehlenden Atemluft bremst. Denn auch die Atmung braucht Energie.

Es kommt drauf an!

Angenommen es brennt, und du hast zwei Möglichkeiten das Feuer zu löschen: mit einem Schlauch aus deinem Garten oder mit einem Feuerwehrschlauch, der an einem Hydranten angeschlossen ist. Wenn es schnell und effizient gehen muss, wirst du wohl den Feuerwehrschlauch nehmen. Wenn du hingegen dein Kräuterbeet bewässern möchtest, wird der Gartenschlauch wohl der bevorzugte sein, oder?

So ist es auch mit der Atmung! Wenn weniger Sauerstoff gebraucht wird, dann ist die Atmung durch die Nase durchaus möglich und sinnvoll. Wenn du im Wettkampf dein Bestes geben möchtest, wird es besser sein, wenn du durch Nase UND Mund gleichzeitig atmest, damit so viel Luft wie möglich in die Lungen kommt.

Meine Meinung

Versuche nicht, zwanghaft eine Nasenatmung anzugewöhnen, es wird dich langfristig bremsen! Die Atmung ergibt sich automatisch mit dem Sauerstoffbedarf. Situationsbedingt, wie zum Beispiel im Winter, ist es sicherlich gut, wenn man auch durch die Nase atmen kann. Zu dieser Zeit wird man wahrscheinlich auch etwas langsamer laufen, damit die Nasenatmung überhaupt möglich ist.

Läufst du nämlich im Winter bei sehr tiefen Temperaturen, dann ist die Nasenatmung unter Umständen sehr sinnvoll. Denn wie oben beschrieben wird bei der Nasenatmung die eingeatmete Luft gereinigt, leicht vorgewärmt und vor allem befeuchtet! Da kalte Luft weniger Feuchtigkeit speichert wie warme, trocknen die Schleimhäute schneller aus und das Infektrisiko wird größer. Das wäre auch der Hauptgrund, wieso von einem intensiven Training bei Minusgraden abgeraten wird.

Das Ausatmen durch die Nase hat meiner Meinung jedoch keinen Nutzen, da man eigentlich nur gegen einen Widerstand atmen muss, wo doch gerade bei der Ausatmung wichtig ist, dass man das angesammelte CO_2 aus dem Körper hinaus bekommt.

Du kannst die Nasenatmung aber auch als einen Parameter für deine entspannten Läufe nützen. Eine Regel besagt nämlich: „Solange du beim Trainieren durch die Nase atmen kannst, wirst du aerob sein!"

Mythos 18: Magnesium hilft gegen Krämpfe

Ein sehr bekanntes Phänomen in Läuferkreisen: sobald die Wade krampft, wird Magnesium eingeworfen. Denn, wie es überall zu lesen ist und jeder Läufer es bestätigen wird, Magnesiummangel ist der Übeltäter dieser lästigen Muskelverkrampfung. Beschuldigen wir da den Richtigen?

Magnesium ist ein besonders wichtiger Mineralstoff, der in unserem Körper mehr als 300 Funktionen hat. Darunter auch eine bedeutende Rolle im Energiestoffwechsel und da vor allem als „Weichmacher" für die Muskulatur. Naheliegend ist deshalb, dass bei einem Magnesiummangel die Muskeln verkrampfen können! Viele Läufer nehmen aus diesem Grund oft ständig Magnesiumsupplemente ein, um diesen Krämpfen vorzubeugen.

Ja! Magnesiummangel ist eine Ursache für Muskelkrämpfe

Läufer haben generell einen höheren Magnesiumbedarf und entwickeln deshalb auch leichter einen Magnesiummangel. Wir verlieren vermehrt Magnesium direkt über den Schweiß, aber auch der Körper braucht mehr davon während der Belastung und in der Regeneration. Weiters hat jeder unterschiedliche Veranlagungen, und dadurch auch einen unterschiedlich hohen Bedarf.

Ist der Körper mit Magnesium unterversorgt, können die vielen Funktionen, an denen dieser Mineralstoff beteiligt ist, nicht mehr zu 100% arbeiten. Sowohl die Leistungsfähigkeit ist dadurch herabgesenkt, als auch das Risiko für Muskelkrämpfe steigt.

Nein! Nicht nur ein Magnesiummangel kann Krämpfe verursachen

Ein Wadenkrampf kann, muss aber nicht immer durch einen Magnesiummangel verursacht werden. Auch andere Mineralstoffmängel können Muskelkrämpfe verursachen: Kalium, Natrium oder Kalzium zum Beispiel. Auch ein Flüssigkeitsmangel könnte ein Grund dafür sein. Und wenn ein Muskel während der Belastung krampft, ist es in den seltensten Fällen ein Mineralstoffmangel, sondern eine punktuelle Überforderung einzelner Muskelfasern, die als „Schutzmaßnahme abgeschaltet werden". Wenn in dieser Situation weitergelaufen wird, werden die umliegenden Muskelfasern stärker belastet und ebenfalls überfordert.

Die Einnahme von Magnesium kann auch Nebenwirkungen haben. Vor allem der Verdauung kann durch zu hohe Dosen in Mitleidenschaft gezogen werden. Gerade wenn man vor einem Wettkampf versucht "alles richtig" zu machen und vorsichtshalber die Magnesiumspeicher auffüllt, kann das wortwörtlich in die Hose gehen!

Es kommt drauf an!

Muskelkrämpfe sind nicht so einfach zu erklären. Sie können sehr vielseitige Ursachen haben. Ob sie tatsächlich durch einen Magnesiummangel verursacht werden, kann dir nur ein Arzt auf Basis einer genauen Blutuntersuchung sagen. Und auch da kann man sich noch immer nicht zu 100% sicher sein!

Den Mehrbedarf an Magnesium, den wir Läufer haben, können wir mit der normalen Nahrung decken. Sobald Vollkornprodukte am Ernährungsplan stehen, ist man mit Magnesium meist ausreichend versorgt. Dennoch treten auch bei einer ausgewogenen Ernährung Muskelkrämpfe auf. Vor allem, wenn sie im Schlaf kommen, könnte ein Magnesiummangel der Grund dafür sein.

Der erste Schritt ist jedenfalls: ausprobieren! Wenn du häufig an Krämpfen (in Ruhe!!) leidest, dann kannst du eine Zeitlang testen, ob eine zusätzliche Magnesiumzufuhr die Krampfneigung lindert. Wenn nicht, dann musst du das Problem anderswo suchen.

Fehler in der allgemeinen Ernährung kann man aber nicht mit Nahrungsergänzungen kompensieren! Wenn die Ernährung im Training kein Thema ist, dann besteht auch die Gefahr, dass man mit einer niedrigen Versorgung (vieler Nährstoffe!) an den Start eines Wettkampfs geht. In diesem Moment können keine Wundermittel mehr helfen. Es ist zu spät!

Meine Meinung

Ein Magnesiummangel sollte in unseren Kreisen eigentlich gar nicht vorkommen. Sobald man sich einigermaßen ausgewogen ernährt oder regelmäßig mineralreiche Mineralwasser trinkt, dürfte eigentlich kein Mangel entstehen, auch wenn viel trainiert wird. Lediglich in kritischen Trainingsphasen (Trainingslager) oder wenn man keinen Zugang zu einer ordentlichen Ernährung hat, dann empfehle auch ich ein Multivitamin- und Mineralstoffpräparat als Vorsorge. In solchen Situationen ist eine ausschließliche Einnahme von Magnesium wenig zielführend, denn auch andere Nährstoffe könnten eventuell auch zu kurz kommen.

Dazu muss man sich aber mit der eigenen Ernährung auseinandersetzen. Leider ist es oft so, dass man lieber ein Präparat schluckt und so das Gefühl hat, ausreichend versorgt zu sein. Nahrungsergänzungen sind Ergänzungen zur normalen Ernährung. Sonst würden sie ja Nahrungsersatz heißen!

Die Praxis zeigt aber, dass viele Läufer prophylaktisch Magnesium supplementieren, um auf Nummer sicher zu gehen. Auch wenn es in den meisten Fällen nicht hilft, es beruhigt das Gewissen ungemein! Denn Magnesium hat in moderaten Dosen keine Nebenwirkungen und so wird dieser Mythos am Leben gehalten.

Mythos 19: Mit einer Videoanalyse findest du den richtigen Laufschuh

Bevor du mit dem Laufen beginnst, brauchst du die richtigen Laufschuhe. Das erste und wichtigste Utensil eines jeden Läufers! Und weil wir alle unterschiedlich gebaut sind und jeder einen anderen Laufstil hat, muss der Laufschuh an dich angepasst werden – mittels einer Videoanalyse! Und damit bekommt man den richtigen Laufschuh?

Der Laufsport ist ein wichtiger Wirtschaftsfaktor geworden. In Österreich laufen laut einer Umfrage etwa 1 Million Menschen zumindest einmal pro Woche. Die wollen mit guter Ausrüstung versorgt werden. Aber nicht nur, damit sie modisch am Laufenden bleiben, sondern auch ihrer Gesundheit zuliebe. Fachgeschäfte bedienen diesen Bedarf, jedoch oft eher schlecht als recht!

Ja! Du brauchst DEINEN richtigen Laufschuh

Durch deinen Körperbau, deinen Defiziten in der Stabilität und natürlich auch durch deinen aktuellen Laufstil, ist nicht jeder Schuh für dich optimal geeignet. Das ist nur ein Grund dafür, wieso so es viele unterschiedliche Laufschuhe am Markt gibt. Ein Schuh, der an den falschen Stellen unterstützt und dort dämpft, wo es nicht nötig ist, kann eine Überlastung beim Laufen sogar beschleunigen. Der teuerste Laufschuh muss deshalb nicht unbedingt der beste Schuh für dich sein.

Nein! Eine Videoanalyse kann falsch sein

Vor allem wenn diese Videoanalyse am Laufband gemacht wird. Denn die wenigsten Läufer sind das Laufen am Laufband gewöhnt (Laufen ist eine „Draußensportart" und das zu jeder Jahreszeit!). Dementsprechend unsicher laufen sie darauf und eine Analyse kann dadurch nie wirklich aussagekräftig für den optimalen Laufschuh werden.

Doch das wäre ja nur ein einziger unter vielen Kritikpunkten! Das Laufen am Laufband ist anders als im Freien, eine kurze Analyse bewirkt einen Fotografeneffekt: der Gefilmte bemüht sich automatisch mehr als normal! Die meisten sind darüber hinaus auch ausgeruht und frisch und die echten Probleme können noch vertuscht werden.

Eine seriöse Videoanalyse berücksichtigt den gesamten Bewegungsablauf und sieht sich nicht nur die Fußstellung an, ob man nun überproniert oder neutral läuft. Leider wird das bei den wenigsten Laufschuhberatungen durchgeführt, da solche Analysen kompliziert sind und man dazu ein gut geschultes Personal benötigt. Da einfache Laufbandanalysen auch einen gewissen „Beratungsspielraum" haben, können damit bewusst ungeeignete Schuhe eingeredet werden, auch wenn ich das den Beratern generell nicht unterstellen möchte.

Es kommt drauf an!

Beim Laufschuhkauf ist eine gute Beratung sehr wichtig. Nur die wenigsten Läufer kennen sich so gut, dass sie genau wissen, welche Schuhe die richtigen für sie sind. Und schon gar nicht haben sie einen Überblick über das Angebot an Laufschuhen.

Eine gute Beratung braucht aber ein paar Anhaltspunkte zur Person, damit man überhaupt einen Schuh empfehlen kann. Dazu kann ein geschultes und erfahrenes Auge ausreichen (wie in Wien bei Laufsport Blutsch angeboten), oder eine gute Kraftmessplatte (wie bei Runinc.) die nötigen Informationen liefern. Hauptsache, die Analyse passiert beim Laufen und wird nicht statisch ermittelt!

Ob man dann wirklich den richtigen Laufschuh findet, das entscheidet schlussendlich doch wieder der Läufer selbst, denn die Passform und vor allem ein gutes Gefühl beim Laufen ist das Wichtigste dabei!

Meine Meinung

Laufschuhe sind wichtig, ja! Sie sind aber nicht das Wichtigste! Viele Läufer machen sich viel zu viele Gedanken über die Laufschuhe, dass sie dabei sogar aufs Laufen vergessen. Vor allem Anfänger sollen sich nicht sofort um die richtigen Schuhe kümmern, sondern sie sollten von Beginn an das richtige Laufen erlernen – ein Thema wie so oft! Damit wird die nötige Muskulatur geschaffen, um den Bewegungsablauf des Laufens selbst zu bewältigen. Denn jede passive Unterstützung bewirkt, dass die eigentlich benötigten Muskeln verkümmern.

Geben wir auch nicht immer den Laufschuhen die Schuld für alle Wehwehchen! Die Schuhe haben natürlich einen Einfluss auf die Gesamtbelastung, meist sind es aber Gründe in der Trainingsplanung, die Überlastungen verursachen.

Mythos 20: Läufer sollen einen Laktattest machen

Um deine Form zu überprüfen bzw. deine Trainingsbereiche festzustellen, brauchst du eine Leistungsdiagnostik. Und State of the Art ist der Laktattest. Mit ansteigender Belastung erhöht sich auch das Laktat, das man mit einem kleinen Stich am Ohrläppchen im Blut messen kann. Und diese Werte sind verlässlich?

Die regelmäßigen Leser des Runtasia Infokanals (www.runtasia.info) wissen ja bereits, dass ich besonders auf die sportartspezifische Diagnostik stehe. Nicht jedoch auf die Laktatmessung als alleiniges Instrument in der Trainingssteuerung! In vielen Berichten und an unzähligen Beispielen habe ich bereits versucht aufzuzeigen, wieso der Laktattest nicht immer die richtige Wahl für uns Läufer ist.

Ja! Das Laktat widerspiegelt die Belastung des Stoffwechsels

Der Körper ist in der Lage, Kohlenhydrate auch ohne Sauerstoff zu verbrennen. Das ermöglicht eine sehr hohe Energiegewinnung, das aber nur für kurze Zeit. Denn das Abbauprodukt dieser unvollständig verstoffwechselten Kohlenhydrate ist Laktat. Es häuft sich im Blut an und senkt den pH-Wert. In relativ kurzer Zeit wird man „übersäuert" und ein Laufen (zumindest mit dieser Intensität) ist nicht mehr möglich.

Dieses Phänomen kann man fürs Laufen nützen, indem man bestimmte Bereiche bestimmt, in denen der Laktatwert niedrig (Fettstoffwechsel) oder mittel hoch (Kohlenhydratstoffwechsel) ist oder beginnt zu entgleisen (anaerober Stoffwechsel). Dazu existieren unterschiedliche Berechnungen und Protokolle.

Nein! Auch das Laktat ist individuell sehr verschieden

Diese Bereiche, die man glaubt mit Laktat bestimmen zu können, sind jedoch sehr ungenau! Das ist einerseits durch die Physiologie des Menschen bedingt (jeder reagiert anders), andererseits ergibt die Messung selbst schon Probleme. Unterschiedliche Testabläufe mit teilweise vollkommen anderen Messergebnissen werden angeboten: am Laufband und im Freien, Stufendauer von zwei bis 5 Minuten oder sogar 4km, Stufenanzahl von 2 bis 20, oder gleich eine kontinuierliche Rampe. Jeder Diagnostiker wendet das System an, von dem ER meint, das geeignetste zu sein. In Wirklichkeit gib es kein Testprotokoll, das vergleichbar ist.

Und obendrein ist sich auch die Wissenschaft nicht ganz einig, ob nun fixe Laktatschwellen oder doch individuell bestimmte Schwellen besser sind. In der Praxis wendet man jedenfalls meistens Ersteres an, was eigentlich gegen die Diversität der Natur ist. Aber es ist noch immer das mildere Übel! Nach der Gauß'schen Normalverteilung werden so etwa 2/3 der Getesteten einigermaßen gute Werte erhalten, der Rest kann das Ergebnis nicht gebrauchen.

Es kommt drauf an!

Aber ganz so schlecht ist die Laktatmessung auch wieder nicht! Im Spitzensport ist dieser Test auf alle Fälle ein Thema, da er dort auch sinnvoll eingesetzt wird und die erhobenen Daten auch richtig bewertet und umgesetzt werden. Dazu muss man die Sportler aber genau kennen und vor allem wissen, wie sich das Laktat unter Belastung verhält. Wenn man das weiß, kann man aus den erhobenen Daten hilfreiche Informationen für die Trainingsplanung erhalten und sogar punktgenaue Vorhersagen für Wettkämpfe treffen.

Bei uns im Hobbysport ist das aber nur in den seltensten Fällen möglich. Zu aufwendig wäre eine ordentliche Testserie. Die Erfahrung zeigt nämlich, dass der Großteil der Läufer lediglich einmal im Leben einen Laktattest macht und dann nach diesen Trainingsbereichen trainiert, vorausgesetzt man kann mit den Daten überhaupt was anfangen.

Meine Meinung

Wenn du ein Spitzensportler bist und deine Leistung maximieren möchtest bzw. die nötige Zeit und das Geld zur Verfügung hast, dann wäre die Laktatdiagnostik sicher eine sehr gute Hilfe in deiner Trainingsplanung und Trainingssteuerung.

Solltest du kein Spitzensportler sein und dennoch wissen möchtest, wie du am besten trainieren kannst, dann würde ich dir keinen Laktattest empfehlen, sondern Alternativen dazu. Es gibt unterschiedliche Tests, mit denen du sowohl deine Trainingsbereiche ermitteln, als auch deine Form laufend überprüfen kannst. Dazu brauchst du eigentlich nur dein Training und deine Wettkämpfe analysieren und du bekommst die nötigen Informationen für dein Training.

Es ist auch nicht unbedingt eine Leistungsdiagnostik nötig, wenn man Anhaltspunkte fürs Training sucht. Wenn du einen guten Trainer hast, dann wird er bereits nach einem ausführlichen Anamnesegespräch mehr Informationen fürs Training herausfinden, als jeder Laktattest es kann.

Eine sportmedizinische Untersuchung hingegen ist jedem Läufer zu empfehlen! Der Vorteil von so manchen Laktattests ist nämlich, dass er von Ärzten durchgeführt wird, die vom Sport eine Ahnung haben. Auch wenn du mit den Laktatwerten vielleicht nicht viel anfangen kannst, du bekommst zumindest die Bestätigung, dass du uneingeschränkt laufen kannst...oder auch nicht!

Leseempfehlung für weitere Informationen: Läufer, teste Dich (e-Book, ISBN-13: 9783957036643)

Mythos 21: Läufer brauchen Sportgetränke

Das giftig blaue Sportgetränk würde man nie freiwillig trinken, außer man ist Läufer, dann ist es eine Pflicht! Denn gerade als Läufer ist es wichtig, viel davon zu trinken. Flüssigkeit, Elektrolyte und Energie brauchen Sportler. Es heißt ja nicht umsonst „Sportgetränk". Braucht Läufer das tatsächlich?

In einem Sportgetränk enthalten sind: Kohlenhydrate in unterschiedlicher Form, Natrium und eingeschränkt auch Kalium, Kalzium und Magnesium. Alles andere ist für Sportgetränke unnötig! Man braucht keine Vitamine und kein Eiweiß oder sonstige zusätzliche Nährstoffe. Auch ein „kalorienreduziertes Sportgetränk" ist für uns Läufer ein absolutes No Go, da es ein Widerspruch ins sich ist: ein Sportgetränk SOLL Energie liefern!

Ja! Sportgetränke können im Wettkampf sogar entscheidend sein

Unsere Kohlenhydratspeicher sind vor allem bei längeren und/oder schnellen Läufen das limitierende Substrat. Sind die Glykogenspeicher einmal leer, ist der Stoffwechsel nur noch auf die Fette angewiesen, die aber deutlich langsamer zur Verfügung stehen als die Kohlenhydrate. Man kann zwar noch immer laufen, aber nicht mehr im selben Tempo. Der klassische Einbruch bzw. der „Mann mit dem Hammer" tritt genau in dieser Situation ein.

Werden während des Laufens Kohlenhydrate über ein Sportgetrank zugefuhrt, hat der Korper zusätzlich Energie zur Verfügung, die er sonst nicht hätte. Somit kann man länger bzw. mit demselben Tempo weiter laufen.

Nein! Nur im richtigen Zeitpunkt haben Sportgetränke Sinn

Der oberste Grundsatz der Sporternährung lautet: **das Richtige zur richtigen Zeit!** Wenn du ein Sportgetränk zwischendurch bei der Arbeit trinkst, hat es dieselben gesundheitlichen Auswirkungen wie irgendeine Limonade. Denn auch in einem Sportgetränk sind eigentlich nur Kohlenhydrate enthalten, also Zucker.

Sportgetränke haben deshalb nur eine Bedeutung, wenn sie unmittelbar vor bzw. während des Laufens getrunken werden. Das heißt, ein Sportgetränk hat nur einen Sinn, wenn man auch Sport macht. Und da auch nur eingeschränkt!

Es kommt drauf an!

Unterscheiden muss man, ob man einen Trainingslauf macht oder einen Wettkampf läuft. Im Wettkampf ist es natürlich wichtig, das Bestmögliche aus den vorhandenen Ressourcen herauszuholen. Gerade da macht es durchaus Sinn, seine Ernährung optimal darauf auszurichten. Und Sportgetränke gehören da dazu, auch wenn manche Läufer sie wegen des extrem süßen Geschmacks nicht mögen. Diese Getränke müssen aber süß sein, denn was wir beim Laufen benötigen, sind eben die Kohlenhydrate, also süßen Zucker.

Läufst du hingegen eine lockere Trainingseinheit, bei der du den Fettstoffwechsel aktivieren möchtest, dann sind Sportgetränke sogar kontraproduktiv. Denn dieser zugeführte Zucker erhöht nur unnötig den Blutzuckerspiegel und der Stoffwechsel greift vorzugsweise auf Kohlenhydrate und nicht auf Fette zurück. Der Stoffwechsel sucht sich den einfachsten Weg. Solche Läufe haben eine deutlich größere Wirkung, wenn man sie nüchtern macht und dabei ausschließlich Wasser trinkt!

Und dann kommt auch noch die Dauer ins Spiel. Auch wenn du einen Wettkampf läufst, der unter einer Stunde beendet ist, dann brauchst du während des Laufens kein Sportgetränk. Für diesen Zeitraum hast du ausreichend Energie gespeichert, die du in dieser Zeit nie und nimmer aufbrauchen kannst. Das Trinken, wenn man es nicht beim Laufen kann, würde vielleicht den Laufrhythmus stören und sogar negative Auswirkungen haben!

Meine Meinung

Klar ist: ein Sportgetränk ist nur **vor und während** einer intensiven Belastung sinnvoll! Zu jeder anderen Zeit sind andere Getränke vorzuziehen. Und wenn du ein Sportgetränk nimmst, dann trinke es so, dass es auch eine Wirkung zeigt. Manche verdünnen das Getränk so stark, dass nur noch wenige Kohlenhydrate vorhanden sind. Es ist dann vielleicht nicht mehr so extrem süß, aber so lässt du auch viel Energie und vor allem Zeit liegen!

Natürlich musst du dein Sportgetränk auch erst finden. Nicht jedes Getränk ist für alle Läufer gleich verträglich. Nicht dass du auch den Fehler machst und erst beim Wettkampf die erste Erfahrung mit einem Sportgetränk machst. Diese Erfahrung kann sehr schmerzvoll sein!

Wenn dir die vorgefertigten Pulver wirklich zu süß sind, dann kannst du dir auch relativ einfach selbst ein Sportgetränk mixen, das seine Wirkung zeigt, aber nicht so süß sein muss: auf einen Liter Getränk 60 Gramm Maltodextrin und einen halben Teelöffel Salz. Und fertig ist das Sportgetränk. Wenn du einen Geschmack brauchst, kannst du auch gerne etwas Fruchtsaft dazugeben.

Eine kleine Bewertung diverser Sportgetränke findest du übrigens auch im Runtasia Infokanal unter: http://www.runtasia.info/search/label/test.

Mythos 22: Dehnen hilft gegen Muskelkater

Macht man einmal einen Sport, den man nicht so gewohnt ist oder doch einmal ein intensives Intervalltraining, dann spürt man es am nächsten, spätestens aber am 2. Tag: Muskelkater an Stellen, die man gar nicht kennt. Und die ersten mahnen schon mit gehobenem Zeigefinger: „Hast nach dem Sport wohl nicht gedehnt, oder"? Kann das Dehnen einen Muskelkater überhaupt vorbeugen?

Schon in der Einleitung dieses Buchs hab ich den gängigsten Mythos Muskelkater erwähnt. Die Schmerzen kommen nicht vom Laktat oder der Milchsäure, sondern es handelt sich dabei um kleine Verletzungen in der Muskulatur, die schmerzen. Und zum Thema Dehnen selbst gibt es auch schon einen Mythos (Mythos 3: Dehnen gehört zum Aufwärmen), den wir behandelt haben. Diesmal kombinieren wir die beiden!

Ja! Durchblutung hilft gegen Muskelkater

Wenn die Muskulatur verletzt wurde, dann laufen gleichzeitig auch alle „Reparaturmaßnahmen" des Körpers an. Ist die Muskulatur nach dem Training gut durchblutet, dann werden die nötigen Baustoffe direkt zu den verletzten Bereichen gebracht und der Heilungsprozess beginnt schneller. Deshalb ist ein cool down nach dem Training so wichtig.

Nein! Verletzungen soll man nicht dehnen

Doch Dehnen muss nicht unbedingt eine Erhöhung der muskulären Durchblutung bewirken. Dehnen kann unter Umständen den Muskelkater verstärken oder sogar erst recht verursachen, weil dadurch ein zusätzlicher Zug auf die Muskulatur ausgeübt wird! Denn wie oben beschrieben sind diese Verletzungen durch eine mechanische Überbelastung provoziert. Ganz dasselbe passiert aber auch, wenn du zu intensiv dehnst: du wirst den Muskel überdehnen und er wird so auch Risse bekommen. Oder mit einem plakativen Beispiel beschrieben: Wenn du dir zum Beispiel in den Finger schneidest, würdest du die Wunde aufdehnen, oder eher versuchen, den Zug zu verringern? Na!

Es kommt drauf an!

Abwärmen bedeutet nicht unbedingt dehnen, sondern bewegen! Jede Bewegung, die nicht wieder zu einem Muskelkater führt, dient zur Durchblutung der Muskulatur und somit auch der Regeneration. Langsames Auslaufen oder gemütliches Radeln ist dazu besser geeignet als ausschließliches Dehnen.

Ist der Muskelkater schon einmal vorhanden, dann ist auch da Bewegung gut. Gerade in Ruhe wird der Muskelkater meist stärker, da die Entzündungen, die durch die Mikrorisse in der Muskulatur verursacht werden, einzelne Muskelfasern „verkleben". Sind diese Verklebungen durch die Bewegung einmal beseitigt, sind die Schmerzen auch wieder etwas erträglicher. In diesem Fall könnte auch ein sanftes, sehr sanftes Dehnen oder auch eine leichte Behandlung mit der Massagerolle eine Linderung des Muskelkaters bewirken.

Meine Meinung

Beim Thema Dehnen scheiden sich sowieso die Geister! Die einen sind der Meinung, du musst, die anderen sagen, du darfst nicht dehnen. Ich sage, du sollst es ausprobieren, was dir gut tut. Einen Muskelkater kann Dehnen jedenfalls nicht wirklich vermeiden, Bewegung jedoch schon!

Setze regenerationsfördernde Maßnahmen! Massagen, warme bis heiße Bäder der Gang in die Sauna sind ideal, um die Durchblutung der betroffenen Muskulatur zu fördern. Aber auch die Ernährung spielt da eine sehr große Rolle. Fehlen dem Körper nämlich die nötigen Baustoffe, dann dauert die Regeneration auch wieder länger. Deshalb (und nicht nur um den Muskelkater zu vermeiden!) empfehle ich ein Regenerationsessen unmittelbar nach dem Training. Und je intensiver das Training davor war, umso wichtiger ist diese Mahlzeit!

Ein Muskelkater ist jedenfalls nichts Gefährliches. Der Körper kann sich ohne bleibende Schäden davon erholen. Für dich bedeutet ein Muskelkater, dass das Training gewirkt hat. Nach einer solchen Überforderung wirst du besser. Denn bekanntlich bekommt man nach dem dritten oder vierten Mal keinen Muskelkater mehr!

Mythos 23: Vor dem Wettkampf heißt es „Carbo-loading"

Pastaparty bis zum Abwinken! Am letzten Tag vor dem Wettkampf ist es besonders wichtig, dass die Speicher noch einmal richtig aufgeladen werden: Nudeln, Kartoffeln, Reis oder Kaiserschmarrn werden deshalb bei vielen Veranstaltungen am Abend vor dem Start angeboten. Oder dient das doch zur Bespaßung der Teilnehmer?

Die Kohlenhydratreserven sind beim Laufen immer das limitierende Substrat. Schon nach weniger als einer Stunde können sie entleert werden. Je länger die Distanz wird, umso wichtiger ist es, bereits mit großen Speichern an den Start zu gehen. Denn was man bis dahin nicht aufgefüllt hat, fehlt auf den entscheidenden Kilometern!

Ja! Glykogen kann man speichern

Die Kohlenhydrate werden im Körper in Form von Glykogen in der Muskulatur und in der Leber gespeichert. Diese Speicher sind jedoch relativ klein und dienen lediglich als „Überbrückung bis zur nächsten Nahrungszufuhr". Die Speicher von trainierten Läufern werden mit der Zeit sogar größer. Durch spezielle Ernährungsweisen in Kombination mit Training steigt der Gehalt an Glykogen sowohl in der Muskulatur als auch in der Leber.

Nein! Am Tag davor ist es zu spät

Was man bis zum Wettkampf nicht erledigt hat, kann am letzten Tag nicht mehr aufgeholt werden! Kohlenhydrate am letzten Tag vor dem Wettkampf noch aufzuladen, bringt nicht mehr viel und ist nur noch eine Beruhigung des schlechten Gewissens. Wenn die Panik aufkommt, dann klammert sich der Ertrinkende an jeden Strohhalm! Sofern man die zugeführte Mahlzeit überhaupt verträgt. Denn auch ein weiterer

Grundsatz der Wettkampfernährung lautet „nichts Neues ausprobieren"

Der Körper kann nicht übermäßig viele Kohlenhydrate auf einmal speichern. Man kann sich kurzfristig nur auf 100% des Möglichen auffüllen. Was für den Wettkampf natürlich wichtig und richtig ist. Übermäßiges Essen von Pasta & Co ist am letzten Tag (und schon gar nicht am Abend davor!) aber nicht nötig und kann nur eine schlaflose Nacht bereiten, im schlimmsten Fall auch Verdauungsprobleme verursachen.

Es kommt drauf an!

Viele Kohlenhydrate alleine können die Glykogenspeicher nicht wirklich erhöhen. Wie schon erwähnt, nur bis zu 100% des Möglichen. Die überschüssigen Kohlenhydrate werden dennoch verwertet, nämlich zu Fett!

Carboloading passiert bereits Wochen und Monate vor dem Wettkampf. Denn die Glykogenspeicher passen sich genauso an, wie der Körper sich auf Training anpasst: Die Belastung ist der Reiz, um sich in der Regenerationszeit davon zu erholen und besser zu werden. Wenn bereits im Laufe des Trainings die Speicher immer wieder entleert und mit einer regenerationsfördernden Ernährungsweise wieder aufgefüllt werden, lagert der Körper von Training zu Training immer etwas mehr Kohlenhydrate ein. Langfristig ergibt das einen deutlich größeren Glykogenspeicher, als alle kurzfristigen Ernährungsweisen es könnten.

Meine Meinung

Die Carboloading-Party am Tag vor dem Wettkampf hat natürlich auch einen gesellschaftlichen Charakter. Am Tag vor dem Wienmarathon zum Beispiel, wenn alle Läufer nervös sind und nur noch an das eine denken, können sie bei dieser Veranstaltung etwas herunterkommen und sich mit Gleichgesinnten austauschen. Niemand soll sich das nehmen lassen!

Mythos 24: Laufschuhe müssen gut gedämpft sein

Das erste und sogleich wichtigste Merkmal, das man beim Kauf von Laufschuhen berücksichtigen sollte, ist die Dämpfung! Gut gedämpft müssen sie sein, damit das Laufen weniger belastend für den Fuß und die Gelenke ist. Wie viel Dämpfung tut uns tatsächlich gut?

Laufen ist „Springen von einem Bein zum anderen". Und Sprünge haben die Eigenschaft, dass große Kräfte frei werden. Sowohl beim Abdruck als auch und vor allem bei der Landung. Diesen Aufprall müssen wir aktiv abfangen, sonst werden die Gelenke zu sehr belastet. Versuche doch einmal in die Höhe zu springen: das eine Mal mit gebeugten Knien und einmal mit gestreckten. Was ist angenehmer?

Ja! Die Stoßbelastung beim Laufen soll reduziert werden

Denn stellt man sich vor, dass man bei jedem einzelnen Trainingslauf mehrere Tausend Schritte macht und jeder einzelne Aufprall nur ein klein wenig auf die Gelenke geht, dann kann man sich gut vorstellen, welche Belastung bei einem Marathon auf die Gelenke wirkt!

Doch nicht nur die Dämpfung des Aufpralls ist beim Laufen wichtig, sondern auch die „Polsterung" des Fußes. Der Fuß selbst hat lediglich eine kleine Polsterung unter dem Fersenbein, die als Dämpfung wirkt. Der restliche Bereich des Fußes ist ungedämpft.

Nein! Der Körper hätte eigentlich ausreichend eigene Dämpfung

Der Mensch ist an sich ja zum Laufen geboren! Niemand ist in Laufschuhen auf die Welt gekommen. Deshalb wäre prinzipiell auch keine Dämpfung nötig, sofern wir richtig laufen können. Wie so oft ist nämlich auch hier der Laufstil entscheidend, wie groß der Aufprall ist.

Auch die Pronation, die laut diversen Laufschuhverkäufern so negativ behaftet ist und anscheinend immer weggestützt werden muss, dient als zusätzliche natürliche Dämpfung: das Einknicken hat, wenn es **aktiv** geschieht, auch eine wichtige dämpfende Wirkung.

Es kommt drauf an!

Wenn du keinen ökonomischen Laufstil auf Dauer laufen kannst, dann ist eine Fersendämpfung auf alle Fälle sinnvoll. Es ist langfristig aber keine Lösung, denn wir wissen, dass dieser Laufstil Energie kostet und langfristig auch zu Verletzungen führt. Doch mit dem schlechten Laufstil wird ein Teufelskreis in Gang gesetzt: ein bis zu 1,5cm hoher Fersenkeil, der durch das Material der Dämpfung verursacht wird, bewirkt, dass die Ferse zeitlich noch früher am Boden aufkommt und den Fersenlauf so sogar noch unterstützt.

Außerdem bewirkt das weiche Material bzw. der Absatz unter der Ferse, dass der Fuß stärker in die Pronation gedrückt wird. Diese **passive** Pronation kann nicht mehr von der eigenen Muskulatur abgefangen werden. Und je länger man mit gedämpften und gestützten Laufschuhen gelaufen ist, desto weniger wird diese Muskulatur aktiviert. Mit der Zeit ist sie so verkümmert, dass ein Laufen ohne Stütze gar nicht mehr möglich ist!

Meine Meinung

Auch hier ist mein wichtigster Tipp: Arbeite an deiner Lauftechnik, dann wirst du dir keine Gedanken mehr über die richtigen Laufschuhe machen müssen. Deine Füße lernen wieder, den Aufprall selbst abzudämpfen. Wenn du jedoch ein besonderer „Fersenläufer" bist und dich nicht mit einer ökonomischen Lauftechnik auseinandersetzt, dann bist du gezwungen, gut gedämpfte Laufschuhe zu tragen, denn die Belastung wäre zu groß.

Meine Empfehlung ist deshalb: besorge dir deine richtigen Laufschuhe, die für dich ausreichend gedämpft und gestützt sind. Mit denen läufst du alle langen und/oder langsamen Trainingseinheiten. Das zweite Paar Laufschuhe ist ein neutrales Modell, wenig gedämpft und mit einer niedrigen Sprengung (Absatz). Mit denen läufst du alle schnellen und/oder kurzen Trainingseinheiten.

Besonders in der Anfangsphase solltest du dieses zweite Paar Laufschuhe sehr vorsichtig einlaufen, damit sich der Bewegungsapparat langsam daran gewöhnen kann. Mit der Zeit wirst du nicht nur nicht mehr mit den stark gedämpften Laufschuhen **laufen wollen**, dein Körper wird auch in der Lage sein, mit den leichten Laufschuhen **laufen zu können**! Ohne Verletzungen, dafür aber schneller - garantiert!

Mythos 25: Läufer laufen Marathon

Das Ziel eines jeden Läufers ist natürlich der Marathonlauf. Ein Mann muss einen Baum pflanzen, ein Haus bauen und einen Marathon laufen. So steht es geschrieben und so muss es sein. Und die Frauen holen deutlich auf!

Das Wort Marathon hat schon etwas Anstrengendes an sich. Es wird sogar in vielen Alltagssituationen verwendet, bei denen es lange dauert: sei es eine Marathonsitzung im Parlament oder ein Marathonfernsehabend, wenn man gleich alle Folgen von Game of Thrones an einem Abend ansehen möchte. Für Läufer bedeutet der Marathon, eine Distanz von 42.195 Kilometern zurückzulegen. Eine Hassliebe vieler, aber insgesamt nicht allzu vieler Läufer.

Ja! Marathon ist die Königsdisziplin der Läufer

Wenn von einer Glanzleistung im Laufen gesprochen wird, dann ist es das Finishen eines Marathonlaufs. Jeder, der einen Marathon gelaufen ist, hat etwas zu erzählen und ihnen wird in den meisten Fällen auch zugehört und sie werden bewundert. Marathonläufer zollen Respekt und werden von Nichtläufern nur als Spinner abgestempelt, denn das ist ja nicht normal!

Prahlt hingegen ein Läufer mit einem gefinishten Halbmarathon, dann reduziert er seine Leistung schon durch die Bezeichnung selbst, nämlich um die Hälfte.

Nein! Marathon ist keine Massensportart

Schauen wir uns die Läuferdaten doch einmal genauer an. Laut einer von mir gerne zitierten und jedes Jahr aktualisierten Spectra-Studie (Spectra Lauf- und Sportstudie) gaben im Jahr 2016 etwa 16% der Österreicher an, zumindest einmal pro

Woche laufen zu gehen. Das sind 1,15 Millionen Menschen, die angeben, regelmäßig zu laufen.

Und wie viele davon laufen einen Marathon? In der Datenbank von Marathonaustria (http://www.marathonaustria.com) finden wir nahezu alle LäuferInnen, die weltweit an einem offiziellen Marathon teilgenommen haben. Im Jahr 2016 waren es insgesamt 10.391 Einträge. Davon sind aber Mehrfachteilnahmen auch berücksichtigt. Zählt man nur die einzelnen Personen, die in diesem Jahr an einem Marathon teilgenommen haben, dann sind es nur noch 8.294 LäuferInnen.

Insgesamt laufen also nur 0,9‰ der Österreicher einen Marathon. Und von den Läufern selbst sind es gerade einmal 0,7%, die sich tatsächlich auf die Distanz eines Marathons wagen.

Es kommt drauf an!

Laufen ist und bleibt auch weiterhin ein Massenphänomen. Der Marathon selbst ist jedoch, wie für Triathleten der Ironman, eine Disziplin für Sportler mit außergewöhnlicher Trainingsdisziplin und einem Marathon-Durchhaltevermögen – in jeder Hinsicht.

Die Teilnehmerzahlen diverser Marathonveranstaltungen haben längst ihren Höhepunkt überschritten – Tendenz eher sinkend als stabil! Das heißt keineswegs, dass Läufer heutzutage keine langen Distanzen laufen. Im Gegenteil, die Distanzen werden sogar länger bzw. anders. Ultraläufe und Trailläufe ohne standardisierte Distanzen werden immer attraktiver. Aber auch für diese Veranstaltungen ist die Teilnehmerzahl begrenzt. Die Masse wird auch in Zukunft kürzere Distanzen laufen!

Meine Meinung

Auch wenn die großen Städtemarathons in Österreich stetig neue Teilnehmerrekorde präsentieren, die Anzahl der Marathonläufer macht dabei nur einen geringen Anteil aus. Beim größten Volkslauf in Österreich, beim Vienna City Marathon gibt es unglaubliche 42.000 Teilnehmer, doch lediglich gut 6.000 Finisher sehen die Ziellinie des gesamten Marathons.

Seit dem Allzeithoch Anfang der 2000er Jahre sinkt die Teilnehmerzahl der Marathonläufer stetig. In den letzten Jahren ist die Anzahl stabil auf einem relativ niedrigen Niveau geblieben. Nicht hingegen die Anzahl der Halbmarathonläufer. Leider gibt es dazu keine so detaillierten Daten, doch sieht man die „Nebenveranstaltungen" der großen Marathonläufe an, sieht man die Popularität dieser Distanz. Eigentlich müsste man behaupten, dass der Halbmarathon die eigentliche Königsdisziplin ist!

	Marathon	Halbmarathon
Wien 2017	6.342	12.333
Linz 2017	707	3.052
Wachau 2017	638	4.003
Graz 2017	594	2.761
3-Länder Marathon 2017	760	1.443

Ein interessantes Detail am Rande:

Von den oben erwähnten 8.294 österreichischen LäuferInnen, die letztes Jahr einen Marathon bestritten haben, sind insgesamt auch 936 LäuferInnen, die im Zuge eines internationalen Ironmans den Marathon gelaufen sind. Obwohl wir wissen, dass die Triathleten nicht wirklich Läufer sind, ist die Anzahl der Teilnehmer wirklich beachtlich! Anscheinend ist der Ironman der Marathon der 90er Jahre geworden.

Man muss sich vor Augen führen, dass letztes Jahr bei den größten Marathonveranstaltungen der Triathlon in Klagenfurt an dritter Stelle der österreichischen MarathonteilnehmerInnen steht. Und das gerade einmal mit 7 Teilnehmern hinter dem zweitplatzierten Linzmarathon.

Mythos 26: Hobbyläufer brauchen nicht schnell laufen

Wer aus Spaß und aus Freude an der Bewegung läuft, der mit dem Laufen etwas für seine Gesundheit tun möchte, der braucht nicht schnell laufen. Ein hoher Puls ist nicht nur unnötig, sondern sogar gefährlich für das Herz. Deshalb lieber gemäßigt laufen und alles bleibt besser. Sollen wir Gesundheitsläufer wirklich nur langsam laufen?

Für das Herz-Kreislauf-System ist eine kontinuierliche, aerobe Belastung die beste, um das Risiko für zum Beispiel Herzinfarkt oder Schlaganfall zu reduzieren. Dazu gehört zum Beispiel Spazierengehen, gemütliches Radfahren oder langsames Laufen, bei dem man noch in der Lage ist, mit anderen zu plaudern. Für die Gesundheit ist der zusätzliche Energieverbrauch durch Bewegung wichtig, nicht die Intensität. So empfehlen es zumindest die Ärzte.

Ja! Schnelles Laufen belastet Herz und Bewegungsapparat

Die Belastung durchs Laufen können wir an der Herzfrequenz ablesen. Je höher sie ist, desto anstrengender wird es. Die Belastung für das Herz-Kreislauf-System ist jedoch nicht linear, sondern exponentiell. Das heißt, dass man sich nicht doppelt so viel anstrengt, wenn man die Intensität verdoppelt, sondern sie vervierfacht sich!

Das gilt genauso für die Belastung auf den Bewegungsapparat. Mit der Intensität steigt die Belastung auf die Gelenke, Muskulatur und Sehen exponentiell an. Wir sehen das nach sehr intensiven Trainingseinheiten, wenn wir nach wenigen Minuten Intervalltraining bereits einen Muskelkater bekommen, nach einem stundenlangen gemütlichen Lauf aber nicht (mehr).

Nein! Auch langsames Laufen birgt Risiken

Die Belastung ist mit schnellem Laufen zweifelsohne größer und das Risiko einer Verletzung steigt mit der Intensität. Doch langsam laufen ist auch keine Lösung! Sobald man nämlich etwas mehr läuft (für mich beginnt das ab 4 Trainingseinheiten pro Woche und/oder Einheiten, die länger als eine Stunde dauern), wird auch die Gesamtbelastung relevant. Und diese Belastung kann man mit einer guten Lauftechnik deutlich senken. Wenn man nämlich ausschließlich langsam läuft, gewöhnt man sich einen relativ unökonomischen, schlurfenden Laufstil an. Der kann mit der Zeit zu einem Problem werden, sobald man etwas mehr läuft.

Außerdem ist der Bewegungsapparat beim ständigen langsamen Laufen immer gleich belastet. Diese Monotonie im Training führt einerseits zu einer langsamen Leistungssteigerung (wenn überhaupt erwünscht), aber auch früher zu einer Überlastung (mit Sicherheit nicht erwünscht).

Es kommt drauf an!

Die Dosis macht das Gift! Wenn jemand ausschließlich ein High Intensity Intervall Training (HIIT) macht, weil es laut Studien bessere Erfolge für die Ausdauer oder fürs Abnehmen zeigt, dann wird der Effekt zwar kurzfristig groß sein, doch langfristig werden genau diese Personen mit Verletzungen zu kämpfen haben. Wenn dieses Training jedoch in ein ganzheitliches Trainingskonzept integriert wird, holt man langfristig am meisten raus.

Meine Meinung

Wir sind zum Laufen geboren, auch fürs schnelle Laufen! In der richtigen Dosis sollen wir unseren Motor auch einmal ausfahren, er ist dafür gebaut. Auch ein Auto wird schneller kaputt, wenn man ständig zu hochtourig und schnell fährt. Bummelt man hingegen dauernd untertourig herum, verliert das

Auto sogar die Spritzigkeit. So ungefähr können wir es uns auch fürs Laufen vorstellen. Zur richtigen Zeit, die richtige Dosis. Nicht nur, damit der Körper eine Abwechslung präsentiert bekommt, sondern auch weil es mehr Spaß macht.

Sollte neben dem Gesundheitsaspekt noch eine Leistungskomponente hinzukommen, dann werden intensivere Einheiten sowieso am Trainingsplan stehen müssen. Denn nur durch schnelles Laufen wirst du auch schneller werden!

Noch eine Überlegung zum Verletzungsrisiko: Wie wir wissen und vielleicht sogar schon selbst erleben mussten, passieren die blödesten Verletzungen nicht beim Sport, sondern oft in Alltagssituationen. Zum Beispiel wenn wir der Straßenbahn nachlaufen. Wenn dein Körper bereits im Training eine ähnliche Belastung geübt hat, wird er auf diese Überraschung vorbereitet sein. Es zahlt sich in jeder Hinsicht aus, die Komfortzone manchmal etwas zu verlassen.

Mythos 27: Viel Trinken ist fürs Laufen wichtig

Sobald es draußen über 25 Grad hat, musst du auf alle Fälle eine zusätzliche Getränkeflasche mitnehmen, denn man weiß ja, dass das Trinken besonders beim Laufen in der Hitze das Wichtigste überhaupt ist! Nicht dass man einen Hitzekollaps bekommt und zusammenbricht! Kippen wir wirklich um, wenn wir nicht ständig trinken?

Etwa 2/3 des menschlichen Körpers besteht aus Wasser. Wir sind abhängig von der ständigen Nachversorgung von Wasser, sonst würden wir in kürzester Zeit sogar sterben. Es gibt keine Reaktion im Körper, in dem Wasser nicht beteiligt wäre. Es ist also naheliegend, dass Wasser eine wirklich wirklich bedeutende Rolle in unserem Körper spielt.

Ja! Wir brauchen ausreichend Flüssigkeit um Leistung zu erbringen

Um unsere Leistung voll abrufen zu können, müssen wir ausreichend hydriert sein. Schon ein geringer Flüssigkeitsverlust bewirkt bereits einen Leistungsabfall. Erste Beschwerden treten bereits beim Verlust von 2% der Körperflüssigkeit auf.

Klar ist auch, dass wir unter Belastung viel Wärme produzieren, und das Schwitzen bewirkt eine Kühlung. Umso wichtiger ist es, dass gerade unter Belastung darauf geachtet wird, dass man nicht austrocknet.

Nein! Wir verdursten nicht

Wir verlieren aber nicht so viel Flüssigkeit, dass ständig Wasser nachgetankt werden muss. Der Körper kann eine Zeit lang den Flüssigkeitsverlust sehr gut kompensieren, bevor die ersten Anzeichen eines Einbruchs auftreten. In der Literatur findet man dafür einen Wert von etwa 3% des Körpergewichts.

Bei Person mit einem Gewicht von angenommen 70 Kilogramm wären das gut zwei Kilogramm Wasserverlust.

Es kommt drauf an!

Nämlich auf 4 Faktoren:

1. **Außentemperatur:**
   Je wärmer es ist, desto größer wird der Flüssigkeitsverlust sein, da die Temperaturabgabe schwieriger wird.

2. **Intensität:**
   Je schneller ich laufe, desto mehr Wärme wird produziert, die abgegeben werden muss.

3. **Flüssigkeitsverlust:**
   Jeder schwitzt unterschiedlich stark. Feststellen kann man das, indem man sich vor und nach dem Laufen wiegt. Die Differenz ist der Flüssigkeitsverlust.

4. **Belastungsdauer:**
   Unabhängig vom individuellen Flüssigkeitsverlust, kann man in einer Stunde (egal wie schnell man läuft und wie heiß es dabei ist) nicht dehydrieren.

Meine Meinung

Ja, das Trinken ist wichtig, aber übertreiben muss man nicht damit. Sehr oft sieht man im Sommer Läufer mit einer Trinkflasche in der Hand herumlaufen. Ständig am Trinken, auch wenn sie nur eine gemütliche Stunde laufen wollen. Auch finde ich es bei Wettkämpfen über 5km interessant, wenn sie auf der Strecke eine Labestation anbieten. Selbst bei 10km-Läufen hätte es wahrscheinlich eher einen nachteiligen Effekt: wenn man während des Laufens nicht trinken kann und so aus dem Rhythmus kommen kann. Aber jedem das Seine!

Viel bedenklicher finde ich jedoch, das Tragen der Flasche selbst! Sobald man nämlich etwas in der Hand hält (gilt auch für das Telefon) ist der Oberkörper angespannt und verspannt mit der Zeit. Auf Dauer wird darunter auch der Laufstil leiden, weil der Armschwung nicht mehr derselbe ist.

Deshalb ist es in den meisten Fällen ausreichend, zeitig vor dem Lauf schon ans Auffüllen zu denkt, um bereits ausreichend hydriert an den Start zu gehen. Damit kommt man gut über die Runden, ohne einen Leistungseinbruch zu erleiden. Wichtig ist natürlich, dass nach dem Training wieder genug getrunken wird, und auch die verlorenen Mineralien nachgefüllt werden.

Wenn der Mund dabei etwas trocken wird, heißt es noch lange nicht, dass man einen Leistungseinbruch hat. Es ist vielleicht ein unangenehmes Gefühl, an das man sich gewöhnen kann. Solltest du dich nicht daran gewöhnen (wollen), dann organisiere dein Trinken wenigstens in einer Weise, die dich beim Laufen nicht beeinträchtigt.

Sobald du aber länger läufst und/oder weißt, dass du sehr viel Flüssigkeit verlierst, dann wird das Trinken auch unter Belastung wichtig. Das gilt vor allem bei mehrstündigen Läufen und natürlich beim Marathon! Die Einstellung „Härte beweisen und nichts trinken" ist zum Glück überholt und man weiß, dass es gut und wichtig ist, nicht zu dehydrieren.

Mythos 28: Läufer brauchen kein Krafttraining

Läufer müssen laufen, um beim Laufen besser zu werden. Krafttraining sollte man sogar meiden, denn ein übermäßiger Muskelaufbau ist beim Laufen sogar hinderlich. Sowohl durch die Masse an sich, als auch durch dessen Gewicht, das man zusätzlich schleppen muss. Nicht umsonst sind die Spitzenläufer ja so dünn! Machen die denn kein Krafttraining?

Kraft und Ausdauertraining sind völlig unterschiedliche Belastungen. Läufer werden zum Läufer, weil ihnen gerade die aerobe Belastung gut tut und gefällt. Das Hirn wird mit Sauerstoff versorgt, das Tempo ist meist so, dass man plaudern kann und nach dem Training hat man meistens sogar mehr Energie als davor. Beim Krafttraining ist das ganz anders: es schmerzt von Beginn an, man muss immer voll konzentriert und vor allem motiviert sein und nach dem Training ist man vollkommen erledigt.

Ja! Krafttraining beeinträchtigt das Lauftraining

Versuche doch einmal ein Krafttraining vor deinem Lauftraining zu machen. Du wirst sofort sehen, dass deine Leistung beim Laufen beeinträchtigt ist. Sei es durch schwere Beine, durch Muskelkater oder einfach durch Müdigkeit. Die vollständige Regeneration nach einem intensiven Krafttraining dauert relativ lange, weil in der Regel mehr zu reparieren ist als nach einer Laufeinheit.

Und wenn man dennoch versucht, ein ordentliches Krafttraining mit dem Lauftraining zu verbinden, wird man höchstwahrscheinlich Muskelmasse aufbauen. Jedes zusätzliche Gewicht muss beim Laufen getragen werden. Das kostet wiederum Energie, die wir zusätzlich aufbringen müssen. Gewicht macht uns langsamer!

Nein! Ohne Krafttraining können wir langfristig weniger trainieren

Keine Angst, durch ein wenig Krafttraining nimmt man nicht gleich zu! Es ist nämlich nicht so einfach, Muskelmasse aufzubauen. Was für Männer schon schwer ist, das ist für Frauen noch viel schwieriger. Und gerade für Anfänger ist das Krafttraining vielleicht sogar wirkungsvoller als das Laufen selbst, da meist die nötige Kraft fehlt.

Durchs Krafttraining alleine wird man natürlich nicht unmittelbar schneller laufen können. Indirekt aber ist das zusätzliche Krafttraining auch ein leistungsfördernder Faktor fürs Laufen. Denn erst durch eine gute „Stabilität" des Körpers ist die Kraftübertragung nach vorne möglich. Und je stabiler man ist, desto besser!

Ein weiterer indirekter Faktor ist die Belastbarkeit selbst. Wenn die Gelenke auch einen Kraftreiz bekommen, werden sie robuster und können so auch leichter und vor allem länger die Belastung des Laufens aushalten. Man kann mehr trainieren, ohne dass man sich überlastet und vielleicht sogar verletzungsbedingte Trainingspausen einlegen muss.

Es kommt drauf an!

Ausdauer- und Krafttraining gehören einfach zusammen. Es stellt sich nicht die Frage, **ob** man Krafttraining machen soll sondern **wann**. Das Krafttraining soll gut in das Lauftraining integriert werden, damit es nicht kontraproduktiv auf die Leistungsentwicklung wirkt.

Es braucht kein stundenlanges Krafttraining, sondern ein kurzes, knackiges, laufspezifisches Training, das vor allem regelmäßig gemacht wird. Laufspezifisch bedeutet dabei rumpf- und beinlastig. Wir brauchen dazu auch kein Fitnessstudio oder spezielle Geräte – wir haben unser Trainingsgerät immer bei uns: unseren Körper!

Meine Meinung

Weniger ist mehr, aber ganz ohne läuft's auch nicht! Regelmäßig ist dabei das Schlüsselwort: es reicht aus, wenn du zumindest 2x pro Woche ein Minimalprogramm machst. Vom Zeitpunkt her wäre natürlich ein trainingsfreier Tag vorzuziehen. Wenn du das zeitlich nicht schaffst, dann hänge das Krafttraining nach einer kürzeren und/oder weniger intensiven Laufeinheit an. So beeinflusst du das Lauftraining nicht und belastest dich gerade so viel, dass du dich bis zur nächsten Laufeinheit wieder erholst.

Aus meiner Erfahrung ist „der Läufer" im Allgemeinen ein kraftfauler Sportler! Bevor sich Läufer einem 15-minütigen Krafttraining widmen, laufen sie lieber eine Stunde länger. Irgendwann wird dann das Laufen zu viel und sie sind verletzt. Aber das mangelnde Krafttraining war dann sicher nicht der Grund dafür!

Plane dir fix zwei kurze Krafttrainingseinheiten oder ein längeres Krafttraining ein. Suche dir eine Trainingsgruppe oder besuche einen speziellen Kurs, damit du dich selbst etwas austrickst und eben das Minimalprogramm unterbringst. Es wird dich besser/schneller/glücklicher machen!

Mythos 29: No pain, no gain!

Nur wenn es wehtut, kann man sicher sein, dass das Training funktioniert hat. Nach dem Laufen solltest du erledigt sein, den Körper musst du spüren und ein Muskelkater danach ist der beste Beweis dafür, dass man sich ausreichend gefordert hat. Spürst du das nicht, waren es leere Kilometer! Muss man sich bei jedem Training pushen, um besser zu werden?

Es gibt ein paar Naturgesetze, die man im Training einhalten sollte. Eines davon lautet „Training wirkt, sofern der Körper **ausreichend** gefordert wird". Und das gilt für jede Person, egal welchen Geschlechts oder wie alt sie ist. Das Training ist der Reiz, um besser zu werden, und in der Zeit zwischen den einzelnen Trainingseinheiten werden wir tatsächlich besser.

Ja! Der Körper muss gefordert werden

Der Körper passt sich auf (Trainings)Reize an. Und je größer diese Reize sind, desto mehr wird er gefordert und gestresst. Wir werden langfristig besser. Sind diese Reize jedoch unterschwellig, sieht der Körper keine Veranlassung, besser zu werden. Deshalb ist es wichtig, sich zu fordern!

Wie hoch diese Belastung sein muss, hängt von vielen Faktoren ab. Ein Anfänger wird höchstwahrscheinlich bereits nach sehr kurzer Zeit an seine Grenzen kommen, ein austrainierter Marathonläufer fühlt vielleicht nach dem 3-Stunden Lauf besonders gut.

Nein! Fordern heißt nicht immer pushen

Dieses Fordern muss und soll nicht immer maximal sein. Wir brauchen unterschiedliche Belastungsreize, um als Gesamtes besser zu werden. Damit die unterschiedlichen Stoffwechselvorgänge trainiert werden, braucht es dementsprechend differenzierte Trainingsbelastungen. Wer ständig auf Anschlag läuft, wird sich eher früher als später mit einer Leistungsstagnation, einem Übertraining und im schlimmsten Fall mit Verletzungen auseinandersetzen müssen.

Es kommt drauf an!

Zur richtigen Zeit die richtige Trainingsbelastung. Vor allem in der Trainingsplanung gewinnt das „Es kommt drauf an" eine besondere Bedeutung. Auf die richtige Dosis und auf den richtigen Zeitpunkt kommt es nämlich an.

Wenn das Ziel zum Beispiel die Verbesserung der Grundlagenausdauer ist, dann wird ein intensives Intervalltraining wahrscheinlich nicht die zielführende Methode dafür sein. Ich muss mir vor dem Training überlegen, was ich damit erreichen möchte. Dann werde ich die richtige Trainingseinheit finden, die mich weiterbringt.

Dazu gehören auch Trainingseinheiten, die ich als „Pflichteinheiten" bezeichne. Das sind unspektakuläre Laufeinheiten, die nicht allzu lange und intensiv sind. Sie dienen zum Kilometersammeln oder auch zur Regeneration. Denn auch regenerative Trainingseinheiten können dazu beitragen, dass die wirklichen „Qualitätseinheiten" besser bewältigt werden. Nach solchen Trainingseinheiten darf man auf keinen Fall an seine Grenzen kommen. Wenn ja, dann läuft etwas ziemlich falsch.

Meine Meinung

Wenn du nach jedem Training das Gefühl haben musst, dass du erledigt bist, dann solltest du dir langfristig eine andere Sportart suchen. Das Laufen besteht zum Hauptteil aus relativ entspannten Trainingseinheiten. Eigentlich laufen viele Läufer ja nur deshalb, weil es eben nicht immer so anstrengend ist. Wobei auf Betonung „nicht immer", denn wie wir wissen, sollen wir uns ab und zu auch mal anstrengen – auch Läufer, die keine so großartigen Wettkampfambitionen zeigen!

Habe den Mut, manchmal auch nur für 30 Minuten laufen zu gehen. Und mach dir keine Sorgen, wenn du nach einer Trainingseinheit noch aufrecht gehen kannst. So soll es eigentlich in 99% der Fälle sein.

Wenn man die Redewendung „No pain, no gain" jedoch mit „Ohne Fleiß kein Preis" übersetzt, dann ist das natürlich kein Mythos, sondern eine Tatsache, denn von nix kummt nix!

Mythos 30: Laufschuhe immer am Nachmittag kaufen

Die Laufschuhe solltest du nur am Nachmittag oder gegen Abend kaufen, wenn du schon länger auf den Beinen bist. Denn die Füße werden im Laufe des Tages größer und es kann passieren, dass du dir zu kleine Schuhe kaufst.

Es ist nicht einfach, den richtigen Laufschuh zu finden. Erst muss ich einen finden, der meine Defizite kompensiert und dann sollte er auch noch gut passen. Und aussehen sollten sich natürlich auch noch einigermaßen gut. Laufschuhe sind ja auch nur „Spielzeuge des Läufers"! Wenn sie angenehm zu tragen sind, wenn sie wie angegossen passen und wenn man damit eine Freude beim Laufen hat, dann wird man sie auch gerne und vielleicht sogar öfters austragen. Und wenn die Farbe dann auch noch zum Lieblingsshirt passt, dann…

Ja! Die Füße dehnen sich im Laufe des Tages aus

Dass die Füße während des Tages anschwellen, ist bekannt und kann in Einzelfällen sogar sehr ausgeprägt ausfallen. Die Ursache ist eine Wassereinlagerung entweder durch Hitze hervorgerufen, oder durch einen verminderten Abtransport über die Venen verursacht. Aber auch Medikamente oder genetische Prädisposition können Gründe dafür sein. Wenn das der Fall ist, dann musst du es sowieso genauer mit dem Arzt abklären.

Wenn man die Laufschuhe nun in einem Zustand kauft, in dem die Füße kein Wasser eingelagert haben, dann kann es unter Umständen sein, dass die Schuhe gerade beim Laufen am Abend zu klein sind und womöglich eine unangenehme Druckstelle aufweisen.

Nein! Die Füße werden nicht länger

Eines muss jedoch klar sein: die Füße werden nicht in der Länge größer, sondern nur im Umfang! Die Schuhgröße wird dadurch also nicht beeinträchtigt. Kauft man in dieser Situation einen größeren Schuh, wird er rundum vielleicht passen, aber er wird eben zu lang sein und die Gefahr besteht, dass man darin rutscht. Dadurch werden wiederum andere Probleme wie Blasenbildung oder Sehnenüberlastungen auftreten.

Es kommt drauf an!

Die angeschwollenen Füße werden nicht durchs lange Stehen oder Gehen verursacht, sondern meistens durch Bewegungsarmut, wenn man den ganzen Tag sitzt. Bewegung an sich reduziert diese Wassereinlagerung, weil die Venenaktivität durch die Muskulatur stimuliert wird.

Das heißt, dass du während des Laufens erst wieder dünnere Füße bekommst! Genau diese Wirkung haben übrigens auch die Kompressionstrümpfe! Wenn man sie während des Tages trägt, dann braucht man sie beim Laufen nicht mehr ;-)

Meine Meinung

Wenn du die Möglichkeit und die Zeit hast, die Laufschuhe am Vormittag zu kaufen, dann mach das auch! Egal, ob deine Füße nun anschwellen oder nicht. Denn am Vormittag werden die Verkäufer vielleicht mehr Zeit für dich haben und sie werden dir wahrscheinlich auch mehrere unterschiedliche Modelle präsentieren, als in der Rushhour am Samstag kurz vor Ladenschluss.

Wenn du jedoch weißt, dass bei dir die Füße im Laufe des Tages stark anschwellen, dann mach was dagegen. Das soll kein Grund dafür sein, die Schuhe nur am Abend kaufen zu dürfen. Lass dich auf alle Fälle einmal untersuchen und vergewissere dich, dass du kein ernsteres Venenproblem hast.

Einen meiner Meinung nach viel gravierenderen Einfluss auf die Passform des Laufschuhs haben die Laufsocken. Denn da gibt es auch unterschiedliche Stärken. Wenn du die Laufschuhe mit deinen ultradünnen Alltagssocken aus Nylon anprobierst und für gut empfindest, beim Laufen aber deine Falke RU3-Socken verwendest, dann werden dir die Schuhe mit Sicherheit zu klein sein. Sowohl von der Länge her als auch vom Umfang. Nimm dir deine Laufsocken zum Laufschuhkauf mit oder noch besser, kaufe dir gleich ein neues passendes Paar Socken dazu.

Zum Autor:

MMag. Walter Kraus, geboren in Kärnten, lebt seit 1999 in Wien, ist leidenschaftlicher Ausdauersportler und hat sein Hobby zum Beruf gemacht. Nach Beendigung der Beamtenkarriere studierte der Langstreckenläufer (Teilnahme an Wettkämpfen bis zu einer Distanz von 100km) Sportwissenschaften und Ernährungswissenschaften in Wien. Bereits während des Studiums begleitete er die ersten Hobbysportler, aber auch Spitzenläufer wurden zu ihren persönlichen Bestzeiten geführt.

2005 gründete er die Firma „Runtasia", die professionelle und vor allem persönliche Trainingsbetreuung für ambitioniert trainierende Läufer anbietet.

Seit September 2010 leitet er das Trainings- und Aktivzentrum „in-Form" im 7. Wiener Bezirk auf der Mariahilfer Straße.

Seit Jänner 2011 betreibt er die Informationsplattform für Läufer: Runtasia Infokanal, in dem seither wöchentlich Berichte zum Thema Laufen, Training und Gesundheit veröffentlich werden.

Seit 2013 wird in regelmäßigen Abständen eine Ausbildung zum „Runtasia Lauftrainer" angeboten, in dem das erfolgreiche Trainings- und Betreuungskonzept auch an Lauftrainern und interessierten LäuferInnen weitergegeben wird.

Pressekontakt:
MMag. Walter Kraus
Tel: 0650/6488718
e-Mail: office@runtasia.at
Internet: www.runtasia.at; www.in-form.at
Runtasia Infokanal: www.runtasia.info

Bisher veröffentlichte Bücher aus dem Runtasia Infokanal:

Was Läufer interessiert - Antworten auf die wichtigsten Läuferfragen

ISBN: 978-3-95703-138-9

Im Sommer 2013 wurden die Leser des Runtasia Infokanals aufgerufen, ihre Fragen zu stellen. Und jeden Tag wurde eine dieser Fragen beantwortet: Lauftechnik, Ernährung, Training, Marathon...alles zum Thema Laufen!

Wie es läuft - Interessantes und Amüsantes aus dem Runtasia Infokanal

ISBN: 978-3-95830-753-7

In diesem Buch geht es um Sex und dem ewigen Geschlechterkampf, um Schweinehunde und andere Hunde, um Läufer und Geher, ums Kräftemessen und um Niederlagen, um Asterix und Obelix, um Alkohol und andere Wundermittel!

Läufer, teste dich! - Formüberprüfung abseits von Laktat und Co!

ISBN: 978-3-95703-664-3

In diesem Buch wird aufgezeigt, welche Alternativen es zum Laktattest gibt und wann es überhaupt sinnvoll ist, eine Leistungsdiagnostik zu machen. Denn bereits im Training kann man wichtige Informationen zur Formüberprüfung erhalten.

Ins Laufen kommen – der Einstieg in ein Läuferleben

ISBN: 978-3-96028-674-5

Auf mehr als 60 Seiten gibt es die wichtigsten Tipps und Tricks für Laufanfänger, die wirklich ins Laufen kommen wollen. Es gibt keine Ausreden, um nicht zu laufen! Doch erst wenn die ersten Schritte getan sind, dann tauchen die Fragen auf, die in diesem Buch beantwortet werden. Damit der Laufeinstieg leichter fällt.

Ergogene Substanzen - Ausgewählte Nahrungsergänzungen für den Ausdauersportler

ISBN: 3-95425-651-7

Eine wissenschaftliche Analyse diverser ergogener Substanzen, die für Ausdauersportler relevant sein könnten. Was sagt die aktuelle Studienlage und welche Konsequenz hat das für die Praxis.